Les FURIES DE L'HISTOIRE

ISBN : 978-2-412-05283-9
Dépôt légal : mai 2021

Imprimé en France par Normandie Roto Impression s.a.s. (2102048)

Correction : Judith Lévitan-Dousset
Mise en page : KN Conception

Éditions First, un département d'Édi8
92, avenue de France
75013 Paris – France
Tél. : 01 44 16 09 00
Fax : 01 44 16 09 01
E-mail : firstinfo@efirst.com
Site internet : www.editionsfirst.fr

Les FURIES DE L'HISTOIRE

Sous la direction de Bruno Fuligni

Historissimo

FIRST
ÉDITIONS

AVERTISSEMENT

Par Bruno Fuligni

Femmes hautement fatales

Tout le monde l'a oublié sans doute, mais le droit de vote des femmes fut adopté par les députés français dès le 20 mai 1919 ; le processus sera néanmoins bloqué par le Sénat jusqu'à la fin de la Troisième République, ce qui explique l'ordonnance prise par le général de Gaulle le 21 avril 1944.

Il n'empêche qu'en 1919 une large majorité de députés ne craint pas de suivre les exhortations de leur collègue Louis Andrieux, vieux routier de la politique, ancien préfet de police, ancien ambassadeur – et aussi père naturel de Louis Aragon. Bien avant son rejeton communiste, le vice-doyen de la Chambre estime que la femme est l'avenir de l'homme : « Le jour où les femmes seront parmi nous, les hommes seront meilleurs, les lois que vous ferez seront plus humaines, promet-il. Le féminisme, s'il est permis de m'exprimer ainsi, apportera parmi nous plus d'humanité.

« La femme est meilleure que l'homme, poursuit Andrieux. Toute cruauté, toute violence lui répugne et, dans l'ordre des conflits nationaux ou internationaux, elle jouera son rôle pacificateur. Elle contribuera à éviter les luttes entre les citoyens, les luttes entre les nations, parce qu'elle a horreur du sang. »

L'argument est-il bien solide ? Et sous des dehors féministes, l'orateur ne s'abandonne-t-il pas en réalité à un sexisme de bon aloi en considérant qu'une moitié du genre humain, par nature, serait étrangère à ces violences et guerres qui demeurent hélas la marque du pouvoir ?

Ce qu'il dit n'est pas vrai pour les souveraines des temps anciens qui eurent à lever des armées, à mater des révoltes, à étouffer des complots. Agrippine, Frédégonde, l'impératrice douairière Tseu-Hi ne procédèrent pas avec douceur, pour ne rien dire d'Irène l'Athénienne, qui fit crever les yeux de son fils afin de régner à sa place…

C'est encore moins vrai pour les auxiliaires zélées du pouvoir que furent Irma Grese dite « la Chienne d'Auschwitz », Ilse Koch restée dans l'Histoire comme « la Sorcière de Buchenwald », ou, dans un autre style, l'étrange Savitri Devi, grande-prêtresse du néonazisme.

C'est absolument faux pour les criminelles de droit commun, dont certaines se signalèrent par leur cynisme et leur cruauté sans bornes : la comtesse Báthory qui se baignait dans du sang de jeune fille pour entretenir son teint, la Saltykova qui punissait à mort ses servantes, Delphine Lalaurie l'esclavagiste sadique, Georgia Tann la trafiquante d'enfants volés, sans oublier Mme Bessarabo ou Domenica Walter, redoutables tueuses de maris…

De la mythique Clytemnestre à l'exaltée Valerie Solanas, les exemples foisonnent pour donner tort au bon député Andrieux. Furies, harpies, gorgones, démones, vipères, mégères, sorcières, teignes, dragons, tigresses… les mots ne manquent pas non plus pour désigner ces femmes sans limites et sans compassion, qui consacrèrent leur vie à détruire celles de leurs contemporains, avec un évident plaisir à torturer et à tuer. On les désigne souvent comme autant de « monstres au féminin », ce qui revient à ne voir en elles que des exceptions aberrantes, comme le suggèrent d'ailleurs tous ces termes qui les comparent à des créatures fantastiques, ou bien les renvoient au règne animal.

Et si la femme était tout simplement un être humain, capable du meilleur comme du pire ? Le pire se trouvant recensé dans ces pages.

LA MAUDITE

Par Philippe Delorme

Clytemnestre

(V. le XIIᵉ siècle av. J.-C.)

Les Achéens, sous la conduite d'Agamemnon, ont-ils réellement vaincu par la ruse la « cité aux superbes murailles, la ville des Troyens, Ilion aux larges rues », clef des Dardanelles, qu'ils assiégeaient depuis dix années ? Homère chante leurs exploits, dans *L'Iliade* et *L'Odyssée*. Mais, il y a trente-deux siècles, à l'aube de la civilisation classique, l'Histoire se confond encore avec le mythe. La guerre de Troie a-t-elle eu lieu ? N'a-t-elle été qu'un raid de pirates sur les côtes d'Asie Mineure ? Qu'importe. À tout jamais, les Grecs se dresseront pour délivrer Hélène, l'épouse de Ménélas, enlevée par Pâris, fils de Priam…

Comme chef suprême, ils ont choisi le roi d'Argos et de Mycènes, Agamemnon, marié à la propre sœur d'Hélène, Clytemnestre. Homère, le premier, fait de celle-ci l'incarnation de la duplicité féminine, comme il le chante dans *L'Odyssée* : « Cette femme, aux pensées perfides, a fait rejaillir sa propre honte, à jamais, sur toutes les représentantes de son sexe, et même sur celles qui auront la vertu en partage. » Le jugement condamnant Clytemnestre paraît sans appel et deviendra un lieu commun de la littérature antique. Cependant, était-elle si coupable, pour mériter ainsi l'opprobre universel ? N'était-elle pas plutôt l'actrice inconsciente d'une malédiction inexorable ?

Malédiction des Atrides

La mère de Clytemnestre était Léda, fille du roi d'Étolie. Certains récits mythologiques en font en réalité la fille de Némésis, l'implacable déesse de la vengeance et du châtiment. Afin de séduire Léda, Zeus, le maître de l'Olympe, s'était métamorphosé en cygne. La même nuit où celle-ci s'est unie au dieu, elle a partagé la couche de son mortel époux, le roi de Sparte Tyndare… Ces amours successives produiront deux œufs. De l'un, divin, seraient nés Hélène et Pollux, réputés engendrés par Zeus. De l'autre, Clytemnestre et Castor, auxquels la tradition donne pour père le mari complaisant de Léda…

Élevée à la cour de son père le roi Tyndare, Clytemnestre est donnée en mariage à Tantale II, fils de Thyeste, le roi de Mycènes, et lointain descendant du premier Tantale, le fameux souverain de Lydie, dont on connaît l'atroce supplice. Par ces noces, la fille de Léda entre donc dans la redoutable famille des Atrides, lignée maudite depuis qu'au cours d'un banquet, le féroce et sanguinaire Atrée a fait manger à son frère Thyeste la chair de ses propres enfants.

Comment échapper à une si implacable fatalité ? C'est ainsi que le jeune Tantale ne tarde pas à périr sous les coups de son cousin Agamemnon, roi de Mycènes, qui élimine également l'enfant que lui avait donné Clytemnestre. Celle-ci n'est d'ailleurs épargnée qu'à condition d'entrer dans le lit du meurtrier des siens ! Castor et Pollux veulent venger l'affront fait à leur sœur en déclarant la guerre à Agamemnon, mais Tyndare les en dissuade. Personne n'a demandé son avis à Clytemnestre, enlevée contre son gré ; pourtant, elle va accepter l'inévitable sans murmurer. Mieux, elle sera pour Agamemnon une compagne sans reproche. De cette union issue d'un double meurtre naîtront trois filles – Électre, Iphigénie et Chrysothémis – ainsi qu'un fils, Oreste.

Sacrifice d'Iphigénie

L'enlèvement d'Hélène va ouvrir un nouveau chapitre de la malédiction des Atrides. Mariée à Ménélas, frère d'Agamemnon, la sœur de Clytemnestre est souveraine de Sparte. Le drame se noue quand elle est enlevée par le Troyen Pâris, envoûté par sa beauté légendaire. Pour la délivrer, les royaumes grecs réunissent une flotte en Aulide, sur les rivages de Béotie. Cependant, des vents contraires empêchent les navires de lever l'ancre. L'oracle Calchas avertit alors Agamemnon qu'Artémis, déesse et protectrice des lieux, demande que sa fille Iphigénie lui soit sacrifiée. Sans méfiance, Clytemnestre accepte de quitter Mycènes et d'accompagner sa malheureuse enfant, qu'il est question de marier à Achille, roi des Myrmidons. Quand elle prend conscience du projet monstrueux d'Agamemnon, elle laisse éclater sa colère, comme l'imagine Euripide dans sa tragédie, *Iphigénie à Aulis* : « À présent, écoute-moi, je vais te parler ouvertement, sans détour ni mots à double sens. Je te reprocherai d'abord de m'avoir épousée malgré moi, et prise de force, après avoir tué mon premier mari, Tantale, et fracassé, sur le sol, mon enfant, vivant encore, brutalement arraché de mon sein. Les deux fils de Zeus, mes frères, sur leurs coursiers étincelants, t'ont alors traqué. C'est mon vieux père Tyndare, fléchi par tes prières, qui t'a sauvé, et tu as de nouveau partagé ma couche. Je me suis donc réconciliée avec toi, et tu m'accorderas que j'ai été une épouse irréprochable, chaste et soigneuse de ton patrimoine, si bien, que chez toi ou dehors, tu étais comblé et heureux. […]

« Enfin, je t'ai donné trois filles ainsi qu'un fils. Et tu auras la cruauté de m'en enlever une ! Si l'on te demande pourquoi tu vas la tuer, que diras-tu ? Faut-il que je le dise pour toi ? Pour que Ménélas récupère Hélène. Belle réponse ! Que le sang de nos enfants soit la rançon d'une catin ! Racheter un être exécrable avec ce qui nous est le plus cher ! »

Agamemnon ne veut rien entendre. Iphigénie est égorgée sur l'autel d'Artémis – même si certaines versions édulcorées la remplacent par une biche. Les vents se montrent alors favorables et les galères peuvent enfin voguer vers Troie et l'Asie Mineure. Restée dans le Péloponnèse, Clytemnestre rumine son ressentiment à l'encontre d'un époux pour lequel elle ne garde plus que haine. Elle devra attendre dix ans son « funeste retour »...

Cependant, Agamemnon a confié ses terres et ses sujets à son cousin Égisthe – lui aussi fils de Thyeste. D'autre part, il a chargé un poète et musicien, le vieil aède Démodocos, de veiller sur la reine et de la conseiller. Dans *L'Odyssée*, Nestor, roi de Pylos, relate la trahison d'Égisthe : « Pendant que nous livrions devant Ilion des combats sans nombre, lui, tranquille en sa retraite, dans Argos nourrice de chevaux, conçut une passion criminelle pour la femme d'Agamemnon, pour Clytemnestre qu'il sollicitait chaque jour de répondre à ses désirs. Certes la divine Clytemnestre résista longtemps et refusa de consentir à une action si indigne, car elle obéissait à ses saines pensées. Et elle avait auprès d'elle un aède à qui l'Atride, en partant pour Troie, avait commis le soin de la garder et de veiller à sa conduite. Mais quand l'heure marquée par les Destins fut arrivée où ce malheureux Égisthe devait triompher de sa chasteté, il commença d'éloigner cet aède, le menant dans une île déserte et l'abandonnant en proie aux oiseaux carnassiers. De retour à Mycènes, ayant tous deux les mêmes désirs, Égisthe conduisit Clytemnestre dans sa demeure. Et il brûla de nombreux cuisseaux sur les autels des dieux, et il suspendit de nombreux ornements et des vêtements d'or, parce qu'il avait accompli le grand dessein dont il désespérait dans son âme. »

« Perfide épouse »

Clytemnestre aurait donc succombé à la force de ses désirs en devenant la maîtresse d'Égisthe, comme elle devait le reconnaître dans l'*Électre* d'Euripide : « La femme est un être voluptueux, je n'en disconviens pas. Si le mari oublie qu'elles ont cette faiblesse, s'il déserte le lit conjugal, elles veulent suivre son exemple, et se donnent ailleurs un amant. Et c'est ensuite contre nous qu'éclatent les reproches, tandis que le vrai coupable, l'homme, n'encourt aucun blâme. »

Lorsque les Achéens, vainqueurs, regagnent enfin leur patrie, le sort d'Agamemnon est-il déjà scellé ? Fallait-il, pour exacerber le ressentiment et la jalousie de Clytemnestre, qu'il ramène avec lui sa concubine, la princesse Cassandre, fille de Priam et d'Hécube, qui avait prophétisé la chute de Troie et qu'il aime éperdument ? Si quelques anciennes versions des poèmes épiques proclament l'innocence de la reine, accusant son seul amant Égisthe, Homère fait déjà d'elle une complice active, comme le spectre d'Agamemnon le révèle à Ulysse : « Poséidon n'a point fait couler mes navires, aux souffles terribles des vents guidés par sa malice, et je n'ai pas non plus péri sur la terre ferme, sous les coups de l'ennemi. Seul Égisthe a tramé mon trépas lamentable, aidé par ma perfide épouse. Il m'a convié à un grand banquet pour m'abattre comme un bœuf à l'étable. Ainsi j'ai succombé et, autour de moi, tombaient mes compagnons comme ces porcs aux dents blanches qu'on égorge aux noces d'un seigneur riche et puissant. [...]

« Nous étions étendus pantelants au milieu des cratères et des tables chargées, dont le sang envermeillait les bords. Et j'entendais hélas râler la fille de Priam, Cassandre, que la perfide Clytemnestre égorgeait près de moi. Gisant, à l'agonie, j'essayais de tirer mon glaive, d'un poignet fébrile. Mais cette chienne me quitta, sans même daigner me clore les yeux ni la bouche tandis que je descendais dans la demeure d'Hadès. Il n'est rien de plus cruel et pervers qu'une femme capable d'ourdir un tel crime en son esprit farouche. »

Chez certains auteurs, l'épouse coupable abat même Agamemnon de sa propre main ! « Comme une lionne des montagnes qui vit dans les chênaies des terres grasses, elle a perpétré son crime », déplore Euripide. Clytemnestre prépare à l'intention de sa victime une robe dont elle a fermé le col et les manches. Le roi la passe en sortant du bain, s'empêtre dans les coutures et Clytemnestre peut le frapper traîtreusement. Eschyle va jusqu'à la décrire, la hache à la main, dégouttant du sang d'Agamemnon et de Cassandre, fière de son double crime : « Dès longtemps, j'étais décidé à ce combat. La querelle était vieille, et enfin je l'ai vidée ! Et je tiens sous mon pied l'adversaire terrassé. C'est fait ! Le piège – je ne le nierai point – était dressé avec soin, pour qu'il ne pût ni fuir ni se défendre. Tombé dans le filet que ma main vient de tendre, du voile sans issue il n'a pu s'échapper, comme aux rets d'un pêcheur. Ma ruse l'a emprisonné dans une riche étoffe. Je le frappe deux fois, il pousse deux gémissements et ses membres fléchissent. Il tombe et je lui porte un troisième coup, pour te rendre grâce, à toi, Hadès, patron des morts. C'est ainsi qu'il a rendu l'âme. Il râle, et je fais pleuvoir sur moi les gouttes d'un sang noir, véritable rosée du meurtre, plus douce pour moi que ne l'est la pluie du ciel pour les plantes qui croissent. Voilà mon œuvre, vieillards d'Argos. Que vous m'approuviez ou non, moi je m'en fais gloire. »

Clytemnestre veut se persuader de la rectitude de son acte inexpiable. À ses yeux, elle n'aurait fait que châtier l'assassin d'Iphigénie, frapper un père indigne. Du moins cherche-t-elle à s'en convaincre : « Sans plus s'en soucier que d'un vulgaire agneau, le barbare a immolé sa fille sur l'autel funeste, et cela pour conjurer les cruels vents de Thrace ! Une fille que j'aimais, doux fruit que mon sein a porté. [...] Pour cette enfant que j'avais de lui, pour mon Iphigénie dont le destin m'a coûté tant de pleurs, le cruel fut injuste et moi j'ai fait justice ! Qu'aux enfers, il aille récriminer. Ce bras vengeur n'a fait que punir ses fureurs. »

Justification habile, mais qui dissimule les véritables ressorts du drame. Clytemnestre ne se rend pas compte qu'elle vient d'écrire un nouveau chapitre du livre sanglant des Atrides. Car elle a surtout tué Agamemnon par jalousie. Et c'est avec une jouissance presque sensuelle qu'elle se penche sur le cadavre de Cassandre : « Comme le cygne, elle a le chant plaintif de sa mort. Elle est maintenant couchée là, auprès de son amant, la maîtresse d'Agamemnon, douce volupté qui relève encore les plaisirs de mes nuits ! » Car la mort du roi la rend libre pour Égisthe. Son crime efface son adultère. « Jamais, j'en ai l'espoir, mon pied ne pénétrera dans le temple de la Crainte, tant qu'Égisthe entretiendra le feu sur mon autel domestique, tant qu'il restera, comme par le passé, plein d'amour pour moi. Égisthe est le fort bouclier où se fie mon audace. »

Dès lors, Clytemnestre s'abandonne à ses démons. Elle devient l'épouse officielle d'Égisthe et couronne ce dernier, au détriment de son fils Oreste, l'héritier légitime. Celui-ci n'a d'ailleurs la vie sauve qu'en trouvant refuge à la cour de son oncle Strophios, roi de Phocide, qui le prend sous sa protection. Quant à sa sœur Électre, qui a favorisé sa fuite, elle n'échappe pas au courroux de leur mère dénaturée, qui l'enferme dans le palais, l'abreuvant d'humiliations et d'outrages.

Double tuerie vengeresse

« Cependant, Égisthe exécutait son pernicieux forfait, en assassinant l'Atride et en soumettant son peuple. Le tyran régna sept années sur l'opulente Mycènes. Et, la huitième, le noble Oreste revint d'Athènes pour le punir. Il tua le meurtrier de son illustre père. Après quoi il donna aux Argiens le repas des funérailles de son abominable mère et du lâche Égisthe. »

En quelques vers, Homère vient de conclure la saga des Atrides. En secret, Oreste a quitté la Phocide, en compagnie de Pylade, son fidèle cousin. En effet, la pythie de Delphes lui a prédit : « Seul, sans armes et sans hommes, c'est par la ruse et en secret que tu devras assouvir ta juste vengeance. » Ainsi, il entrera à Mycènes, grâce à la complicité d'Électre, dont Sophocle traduit les récriminations : « Combien tristes sont mes jours, obligée de voir Égisthe assis sur le trône de mon père, arborant les habits qu'il portait, et répandant des libations au lieu même où il l'a égorgé ! Enfin, suprême impudence, je vois ce meurtrier dans le lit de sa victime, aux côtés de ma mère, s'il m'est permis d'appeler ainsi la créature qui repose dans les bras de ce misérable ! Ah, quelle indignité de sa part de vivre auprès d'un être si répugnant, sans crainte de la vengeance céleste. À vrai dire, elle exulte à l'idée de son acte, au point que chaque année, au jour fatal où par la ruse elle égorgea mon père, elle fait célébrer des danses, et chaque mois elle offre des sacrifices aux dieux sauveurs. »

À son tour, Oreste va se dresser en artisan du destin. Alors qu'Égisthe et Clytemnestre font leurs dévotions au temple d'Apollon, il s'y introduit avec quelques soldats et les met à mort. Cependant, avant d'accepter la sentence fatale, la reine maudite tente encore de plaider sa cause auprès d'Électre : « Ton père, bien sûr je l'ai tué, je l'avoue sans détour. En réalité, c'est la justice elle-même qui l'a vaincu par mes mains, et tu devrais te soumettre à sa loi si tu étais sensée. Car ce père dont la mort te rend inconsolable, c'est lui qui, de tous les Grecs, eut l'outrecuidance d'immoler aux dieux ta propre sœur. [...] Pour un père, vraiment, quelle perversion ! Enfin, je ne me repens pas de ce que j'ai commis. Tu me crois sans doute vile et dénaturée ? Raisonne avec moins de partialité avant de me critiquer. »

Et la Clytemnestre d'Euripide vient mêler sa voix à celle de Sophocle : « Tyndare me donna à ton père, ce n'était pas pour qu'il tue les enfants que je lui donnerais ! Or, ayant trompé ma fille par la promesse d'un mariage avec Achille, il l'a emmenée hors du palais sur la côte d'Aulis, où étaient rassemblés les vaisseaux. Là, ton père étendit Iphigénie sur un bûcher, et déchira son cou blanc. [...] Et quand il revint, il ramena avec lui une ménade possédée du délire prophétique. Il l'introduisit dans son lit et, dans le même palais, il eut à la fois deux épouses ! »

Cependant, Électre demeure inébranlable : « Dis-moi comment justifier ton ignoble conduite, toi qui couches aujourd'hui avec l'infâme complice qui t'a aidée à mettre à mort mon père ? Toi qui lui as donné des enfants, alors que tu n'as que mépris à l'égard de ceux du premier lit, fruits d'un juste hyménée ! Comment approuver cela ? Tu ferais ces choses pour venger ta fille ? Quel honteux prétexte ! Coucher avec un ennemi pour l'amour de sa fille ! [...]

« La corbeille est prête, et le couteau aiguisé. Il a déjà frappé le taureau près de qui tu tomberas immolée. Tu seras unie, même chez Hadès, à l'époux dont tu partageais la couche sur la terre. C'est ainsi que je m'acquitterai envers toi, et que tu me paieras la mort de mon père. »

Le martyre de la pure Iphigénie doit être racheté par l'exécution de l'immorale Clytemnestre. Au dernier acte des *Choéphores*, l'Oreste d'Eschyle n'hésite pas à se dédouaner de son terrible matricide : « Égisthe, on ne peut m'accuser de son sort. Il a reçu le prix légitime de l'adultère. Mais elle, assassiner l'homme dont elle avait porté les tendres fruits d'un amour mutuel, fardeaux précieux autrefois, terribles en ce jour ! Que dire d'elle ? C'était une murène, une vipère venimeuse, capable de tuer, sans morsure, tout ce qu'elle touchait, un monstre de violence et de scélératesse ! [...] Oui je le proclame : je devais immoler ma mère, c'était justice puisque l'infâme m'avait ravi mon père et que les dieux l'abhorraient. Apollon a lui-même excité mon audace. »

Le cycle de la malédiction des Atrides est enfin rompu, par le crime expiatoire, avec le triomphe de la justice, comme le proclame le chœur des *Choéphores* : « Dans le palais d'Agamemnon, il s'est glissé, le double lion. Il a commis la double tuerie. Jusqu'au terme du chemin, il est allé, lui, l'exilé, obéissant à l'oracle de Pytho, le dieu qui le fit plein de joie.

« Ah ! qu'une clameur joyeuse retentisse dans ta demeure royale délivrée de ses tourments, délivrée des deux âmes sacrilèges qui, pour la déposséder, l'avaient précipitée sur une route affreuse. [...]

« La vraie fille de Zeus dont le nom est sublime : Justice ! de tout son souffle immense, de tout son courroux, elle a brisé ses ennemis. Toujours la loi des dieux écrase l'acte inique, et il faut révérer la puissance céleste. »

L'EMPOISONNEUSE TRAGIQUE

Par Jean-Yves Boriaud

Agrippine
(15-59)

Tout avait pourtant bien commencé. En ce 6 novembre de l'an 15 (après J.-C.), à Aria Ubiorum, sur la rive ouest du Rhin, la naissance de la jeune Julia Agrippina avait eu lieu sous les meilleurs auspices. La mère de l'enfant, Agrippine dite l'Aînée, était incontestablement, en tant que petite-fille d'Auguste, l'une des plus hautes personnalités de l'Empire, et si l'accouchement avait eu lieu aussi loin de Rome, c'est que le père, Germanicus, se trouvait là en mission : chef adulé de ses soldats, il menait une campagne victorieuse contre le pire ennemi de Rome, ce Germain Arminius qui, en septembre 9, avait exterminé les légions romaines dans la sinistre forêt de Teutobourg.

Deux ans après la naissance de sa fille, Germanicus rentre à Rome pour un triomphe bien mérité et un peu tapageur. Il n'en faut guère plus pour inquiéter un empereur Tibère paranoïaque à souhait. Afin de séparer ce général de ses trop fidèles armées, il l'envoie donc en 18 vers l'Orient : là, Germanicus enchaîne encore les succès, allant jusqu'à se faire acclamer en Égypte, ce que lui interdisaient les lois. Cette fois, pour Tibère, c'en est trop : il le rappelle, et Germanicus rentre docilement à Antioche, en Syrie, où l'accueille le gouverneur Pison, un affidé de l'empereur. En octobre 19, il y tombe malade et meurt dans les meilleurs délais : l'empoisonnement par le gouverneur, sur ordre de Tibère, est patent aux yeux de tous et l'univers de la jeune Agrippine s'effondre. À 4 ans, au milieu d'une foule énorme, elle assiste au retour à Rome des cendres de son père. Neuf années la séparent encore de son premier mariage, années qu'elle passe dans un entourage impérial délétère, où elle voit sa mère exposée à la vindicte quotidienne de Séjan : âme damnée d'un empereur de plus en plus aigri, ce maître sans scrupule de la garde prétorienne n'a qu'un but, évincer Tibère et, pour cela, l'isoler le plus possible en l'amenant à éliminer tout prétendant légitime à sa succession.

En 28, alors qu'elle n'a que 13 ans, Tibère choisit donc de marier Agrippine à une brute débauchée, Cnaeus Domitius Ahenobarbus, qui lui donnera un fils, le futur empereur Néron : sans illusions d'ailleurs, l'époux affirmera plus tard que d'Agrippine et de lui-même ne pouvait naître qu'un monstre.

Séjan, dans ses efforts pour isoler Tibère, réussit ensuite à perdre la malheureuse Agrippine l'Aînée dans l'esprit de l'empereur, qui la fait assigner à résidence à Herculanum avant de la mettre en accusation pour complot. Mais ses partisans, nombreux à Rome, manifestent en masse : Tibère prend peur et l'envoie en exil dans l'île insalubre de Pandataria – l'actuelle Ventotene.

Devant les visibles prétentions de Séjan au pouvoir, Tibère finit bien par le faire étrangler pour haute trahison en octobre 31, mais cela ne change rien à sa farouche hostilité envers le clan Germanicus. Sur l'île où elle se morfond, Agrippine l'Aînée résiste ; un centurion lui crève un œil… Face à l'afflux de mauvaises nouvelles – Tibère a fait tuer deux de ses fils, César Néron et Drusus –, elle finit par se laisser mourir de faim, et expire le 18 octobre 33, soit deux ans après son pire ennemi, Séjan.

Quant à la jeune Agrippine, une fois sa mère et deux de ses frères disparus, elle est bien seule : lui restent deux sœurs de 16 et 15 ans, Drusilla et Livilla, mariées elles aussi cette année-là, et un frère, son aîné de trois ans, Caligula. Celui-ci, dont le surnom signifie « Bottine », vit depuis deux ans sous surveillance à Capri, où Tibère l'a appelé auprès de lui, dans la villa retirée où il abrite sa haine du genre humain.

En 37, Tibère meurt, étouffé, semble-t-il, sous des couvertures, par un membre de son proche entourage ; et, en mars, c'est Caligula qui devient empereur.

Quête du pouvoir

Le 15 décembre de la même année, à Antium, Agrippine donne naissance à Lucius Domitius Ahenobarbus, promis, sous le nom de Néron, à un avenir compliqué. La vie d'Agrippine va alors prendre une tournure décisive. Les vingt-deux années qui viennent de s'écouler ont été marquées par le drame, avec l'assassinat d'un père puis la perte de deux frères et d'une mère irréprochable. Les vingt-deux années qui lui restent à vivre le seront par une quête âpre, incessante et nécessairement vouée à l'échec dans cette Rome devenue impériale : celle du pouvoir.

La violence du comportement de Caligula l'inquiète bientôt, comme sa sourde ironie lors de la naissance de son neveu… Et c'est aussi, pour elle, dans les étroites demeures du Palatin, l'époque des pires rumeurs : celles, jamais étayées, d'un inceste avec Caligula ou d'une liaison avec le jeune et riche philosophe Sénèque, futur précepteur de Néron. Ou bien celle, mieux fondée, d'une autre liaison, en 39, avec Lepidus, époux de sa sœur Drusilla – morte le 10 juin 38 –, et de son implication, avec lui, dans la conjuration menée contre l'empereur par le gouverneur de Germanie supérieure, Cornelius Lentulus Gaetulicus. L'affaire, mal montée, s'ébruite. Gaetulicus et Lepidus sont exécutés, Agrippine et Livilla exilées dans les îles Pontines, au large du Latium. Il s'agit là, au grand jour, du premier haut fait prêté à Agrippine, et sa connotation politique est claire : tous les moyens lui seront bons pour accéder au pouvoir et les liens familiaux ne seront jamais pour elle une entrave.

La mort de Caligula, le 24 janvier 41, et l'avènement presque immédiat de Claude vont d'ailleurs lui ouvrir des horizons nouveaux, en dépit d'un obstacle de taille : la présence auprès du nouvel empereur de sa troisième épouse, Messaline, qui veille au grain.

Jalouse de Livilla, la vindicative Messaline la fait accuser – à tort ou à raison – d'adultère avec Sénèque. Livilla est exilée dans l'île de Pandataria, où elle meurt bientôt, tandis que le philosophe est envoyé pour huit ans en Corse. Ahenobarbus, le mari en titre d'Agrippine, a le bon goût de mourir, tandis que Claude, excédé par les excès de Messaline, qui tournent au complot, fait exécuter celle-ci en 48. La voie s'ouvre, même si elle est encombrée de deux présences embarrassantes : les enfants de Claude et de Messaline, Britannicus et Octavie.

Épouse et meurtrière de son oncle

L'urgence, pour Agrippine, est ailleurs : devenir, par tous les moyens, la nouvelle épouse de l'empereur. La partie est d'importance et les hommes qui comptent, à la cour, poussent leurs candidates. C'est Pallas, simple affranchi mais financier de Claude, qui l'emporte en imposant Agrippine, avec qui, disent les mauvaises langues, il aurait eu une relation suivie. Claude est l'oncle d'Agrippine et tout cela ressemble un peu trop à de l'inceste officialisé… Qu'à cela ne tienne : une loi sénatoriale balaie l'obstacle et le mariage est célébré dès 49.

Claude a alors la faiblesse de nommer Agrippine *Augusta,* innovation qui lui donne des pouvoirs exorbitants : « Tout obéissait à une femme, déplore l'historien Tacite, la bride était serrée, la servitude imposée comme par un homme… Une soif d'or insatiable se couvrait du prétexte de procurer des ressources au pouvoir. » Mais cela ne suffit pas : Claude fait encore trop d'ombre à ladite *Augusta.* Elle réussit certes à lui faire adopter son propre fils Néron, mais Britannicus grandit dans l'ombre, et nul ne sait comment l'empereur, intelligent et roué, organisera, en fin de compte, sa succession. Il faut donc l'éliminer sans délai.

En 54, Agrippine n'hésite plus : les moyens les plus simples étant souvent les plus sûrs, elle opte pour la méthode, éprouvée, de l'empoisonnement par champignons. S'enchaînent alors des scènes plus sordides les unes que les autres : Claude avale gloutonnement les mortels « bolets », en réalité des amanites, puis les vomit. Tout est à refaire, mais on trouve un médecin complaisant pour aller instiller dans le gosier du malheureux un poison définitif. Agrippine cache le cadavre le temps qu'il faut pour faire adouber son fils Néron, 17 ans, et c'est à ce moment que va commencer le malentendu terminal.

Le tout nouvel empereur est en effet sous la coupe de deux précepteurs de haut niveau : Sénèque, qui tente, sinon d'en faire un authentique stoïcien, du moins de l'éclairer sur les qualités essentielles d'un souverain, et un administrateur chevronné, d'une grande rigueur morale, Sextus Afranius Burrus. Pendant ce que l'on a appelé le *quinquennium Neronis,* les cinq premières années du règne, l'entente entre les quatre personnages paraît suffisante pour une bonne administration de l'Empire. Mais le feu couve : Agrippine, qui entend garder, une fois son tout jeune fils au pouvoir, les mêmes prérogatives qu'avec son époux empoisonné, déchante assez rapidement.

C'est, semble-t-il, de son propre chef que, le 11 février 55, Néron fait assassiner Britannicus en plein banquet, au moyen d'une substance fournie par la mythique empoisonneuse Locuste, écartant ainsi un potentiel prétendant au pouvoir, mais surtout privant Agrippine d'un moyen de pression sur lui. Terrible avertissement : comprenant que ce fils a un peu trop bien retenu les leçons pratiques de sa mère, celle-ci va se lancer dans diverses manœuvres pour se rapprocher de lui, allant, selon des ragots de cour, jusqu'à lui offrir l'inceste. En fait, elle se mêle outrageusement de sa vie intime : en 53, il a dû, pour d'évidentes raisons dynastiques et sans enthousiasme, épouser Octavie, fille de Claude, à qui on l'avait fiancé en 49, à l'âge de 12 ans. Aussi en 55, au grand dam de sa mère, ferme soutien d'Octavie, et avec la bénédiction de ses précepteurs, prend-il pour maîtresse la jeune affranchie Claudia Acté.

Le pouvoir s'éloigne, et le remplacement d'Acté par l'aristocratique Poppée n'y change rien. Agrippine est aux abois, mais elle sait pouvoir s'appuyer sur un réseau puissant, celui des officiers qui doivent tout à son père, et elle le fait savoir ! Sénèque et Burrus en sont bien conscients : si elle persévère, ce sera la catastrophe, la guerre civile et, pourquoi pas, l'éclatement de l'Empire ! Quant à Poppée, elle va jusqu'à menacer Néron de le quitter s'il ne s'affranchit pas de la tutelle de sa mère. L'empereur n'a donc aucun scrupule à fomenter la transgression suprême, le meurtre de la mère. Les bonnes volontés ne manquent pas : si, la nuit du 23 mars 59, l'effondrement d'un bateau truqué, au large de Baïes, ne suffit pas à la noyer, des sbires impériaux achèvent bientôt le forfait. « Frappe au ventre ! », enjoint-elle à son ultime assassin, dans sa villa de Baules. Belle clausule, où se résume l'échec d'une mère ô combien politique qui, sans jamais reculer devant les solutions extrêmes, se crut capable d'investir un pouvoir que toute une civilisation lui refusait.

LA SERIAL-KILLEUSE DU *REGNUM FRANCORUM*

Par Clémentine Portier-Kaltenbach

Frédégonde
(V. 545-597)

Dans la longue nuit mérovingienne qui dura du ve au milieu du VIIIe siècle, soit autant d'années qu'il s'en est écoulé entre le début du règne de Louis XV et la présidence de François Mitterrand – 265 ans –, d'innombrables souverains se succédèrent sur le trône du *Regnum Francorum,* le royaume de France primitif. De Clovis II, Sigebert III et Dagobert II, à Childéric II, Thierry III et Childebert III, en passant par Dagobert III, Chilpéric II, Clotaire IV et de moins connus encore, la liste des rois francs saliens donne quelque peu le tournis. Leur siècle fut « une interminable suite d'atrocités, exécutées souvent avec des raffinements de perversité et de cruauté abominables », écrit l'historien Marcel Brion. Parmi eux, un roi sort évidemment du lot : Clovis Ier, baptisé à Reims par l'évêque Remi et rendu célèbre par l'épisode du vase de Soissons. Mais qu'il s'agisse de nommer une femme, une seule, à coup sûr, un nom, un seul sortira toujours du chapeau : Frédégonde !

Frédégonde et, à un moindre degré, Brunehaut, fille du roi des Wisigoths, qui n'est jamais qualifiée autrement que son « inexpugnable rivale » ; avec Clotilde, épouse de Clovis, reine exemplaire qui le poussera à la conversion au christianisme, et Berthe au Grand Pied, vénérée mère de Charlemagne, elles sont les seules mérovingiennes dont les noms soient passés à la postérité. Le paradoxe, c'est que des femmes, nos aïeux mérovingiens en avaient beaucoup. Peut-être même trop, d'ailleurs ! Ainsi le bon roi Dagobert, polygame, spécialiste de la répudiation éclair, eut cinq épouses, dont certaines simultanément : Gomatrude qu'il épouse à quinze ans pour la répudier à trente, Nanthilde, Raintrude, Vulfégonde et Berthilde.

Et Suavegothe, Gondioque, Méroflède, Marcowefa, Marcatrude et Téodechilde, Ragnétrude et Vénérande ? Toutes furent reines mérovingiennes ; or, toutes ont sombré dans l'oubli et l'indifférence. C'est dire si celles dont l'histoire nous a conservé les noms ont marqué leur temps, à commencer par Frédégonde et Brunehaut qui, contrairement à Clotilde et Berthe au Grand Pied, furent amenées, l'une comme l'autre, à exercer le pouvoir seules, ayant toutes les deux perdu leur mari.

Une saga familiale sanglante

Pour le coup, ce sont bien les noms de leurs époux, pourtant petits-fils du grand Clovis Ier, qui sont passés aux oubliettes de l'histoire. Ils s'appelaient Chilpéric, roi de Neustrie, marié à Frédégonde, et Sigebert, roi d'Austrasie, époux de Brunehaut. Frédégonde et Chilpéric, Sigebert et Brunehaut, deux rois, deux frères et leurs épouses, ont donc été les héros d'une saga familiale sanglante, d'une histoire de rivalité et de jalousie qui se déploya sur une cinquantaine d'années, sur fond de conquête du pouvoir et de règlements de comptes impitoyables.

Chez les Francs, il faut le préciser, le mode de succession est égalitaire. À la mort d'un roi, son royaume est donc divisé en autant de royaumes qu'il a de fils. Ce système aboutit à un morcellement territorial qui engendre la plus grande violence dans les rapports familiaux, chacun n'ayant de cesse d'éliminer ses frères pour agrandir son propre royaume. À ces guerres fratricides s'ajoute chez les Francs la pratique ancestrale de la *faide,* sorte de vendetta ou de loi du talion : œil pour œil, dent pour dent. Ces deux phénomènes conjugués font du royaume de France originel « une arène sanglante », selon l'expression de Marcel Brion, ce que l'historien Fustel de Coulanges résumait pour sa part en ces termes : « Le régime mérovingien est une monarchie absolue tempérée par l'assassinat. » L'épouvantable Frédégonde va suivre à la lettre ce principe de gouvernement.

À la mort de Clovis Ier, en 511, son royaume est partagé entre ses quatre fils – Thierry, Clodomir, Childebert et Clotaire –, qui deviennent respectivement rois de Reims, d'Orléans, de Paris et de Soissons. Clotaire survit à ses trois frères et accapare leurs royaumes. Seulement, lui aussi a quatre fils ; donc, nouveau partage : Charibert reçoit Paris ; Gontran, Orléans et la Bourgogne ; Chilpéric, Soissons et la Neustrie ; et Sigebert, Metz et l'Austrasie. Les quatre frères s'engagent, par de grands serments solennels, à ne pénétrer à Paris qu'avec la permission des autres.

Sournoise, dissolue et insatiable

Chilpéric, roi de Neustrie, se marie à Audovère, dont Frédégonde est la servante. Cette dernière est une simple fille de paysans d'origine gauloise, mais très maline, semble-t-il, et aussi belle que sournoise, dissolue et insatiable, en tous cas plus intelligente qu'Audovère. Chilpéric fait d'elle sa concubine.

En 511, le roi combat en Bretagne quand Audovère accouche de leur quatrième enfant, une petite fille nommée Basine. Alors qu'elle se demande s'il lui faut ou non attendre le retour de Chilpéric pour faire baptiser le nourrisson, Frédégonde l'encourage à le faire sans attendre, et à se choisir elle-même pour marraine de son enfant. Ce faisant, Frédégonde lui a tendu un piège cruel : en devenant la marraine de sa propre fille, Audovère devient la « commère » de son mari, autant dire, aux yeux de l'Église, sa sœur. Désormais, si elle venait à coucher avec Chilpéric, ce serait un abominable inceste !

Audovère s'est piégée elle-même ; elle ne peut plus être l'épouse de son propre mari. Cette célèbre anecdote relève sans doute de la légende, mais elle en dit long sur le machiavélisme dont on croit capable Frédégonde. Dans ces conditions, quand il rentre de Bretagne, Chilpéric va fréquenter bien davantage le lit de Frédégonde que celui de sa sœur-épouse !

De toute façon, Chilpéric considère qu'Audovère n'est pas assez bien pour lui. Il lui faut une princesse, comme son frère Sigebert, roi d'Austrasie, qui, lui, a fait une alliance brillante en épousant Brunehaut, princesse wisigothe que l'on dit d'une taille élégante et très agréable dans sa conversation. Ils se sont mariés en grande pompe à Metz. Chilpéric est jaloux ! Par chance, son frère Charibert vient à mourir. En récupérant une partie de son royaume, Chilpéric devient le proche et puissant voisin des Wisigoths. Il leur demande et obtient donc en mariage Galswinthe, sœur aînée de Brunehaut, en 566. Ce n'est pas le succès espéré, car, contrairement à Brunehaut, Galswinthe est plutôt laide. Par ailleurs, elle ne s'entend guère avec son mari, et encore moins avec l'omniprésente et influente Frédégonde. Malheureuse, maltraitée, Galswinthe n'a qu'une idée, fuir la cour de Chilpéric. Elle n'en aura pas le temps : un beau matin, elle est retrouvée étranglée dans son lit. Frédégonde vient de frapper pour la première fois.

Veuf des plus consolables, Chilpéric épouse Frédégonde, meurtrière de sa femme, quelques jours à peine après la mort de celle-ci.

Apprenant la mort de sa sœur, Brunehaut sait évidemment à qui l'imputer. C'est alors que naît sa haine inextinguible pour Frédégonde. Celle-ci la lui rend bien, d'autant que sa belle-sœur est princesse, quand elle-même sera toujours renvoyée à son statut servile.

Scramasaxes empoisonnés

Galswinthe étant morte assassinée, Chilpéric est convoqué devant une assemblée pour décider ce qu'il devra rendre, en cités et territoires, de la dot de sa feue femme. C'est une sorte de compensation financière que l'on appelle le *Wergeld.* Brunehaut et ses descendants doivent ainsi hériter de la défunte cinq cités d'Aquitaine. Chilpéric feint de se soumettre au jugement de l'assemblée, mais part aussitôt en guerre contre son frère ; Sigebert réplique, se fait proclamer roi des Francs occidentaux mais, selon Grégoire de Tours, Frédégonde lui expédie alors deux sicaires qui l'estourbissent à coups de scramasaxes empoisonnés – de longs couteaux mérovingiens. Après avoir tué la sœur de Brunehaut, voilà qu'elle élimine le mari de sa rivale !

Débarrassé de son frère, Chilpéric s'empare de Paris, où, pourtant, il n'était pas censé mettre les pieds sans la permission de son dernier frère, Gontran ; il fait prisonnière Brunehaut, qu'il expédie à Rouen, ville dont l'évêque est nommé Prétextat. Mais Brunehaut, aussi belle et déterminée que Frédégonde, parvient à séduire l'un des fils de Chilpéric, un certain Mérovée qu'il avait eu avec Audovère. Sous l'influence de son parrain l'évêque Prétextat, Mérovée, alors âgé de 20 ans, se met en tête d'épouser Brunehaut, ce qui lui permettrait de se placer à la fois comme héritier légitime de Chilpéric, son père, et de mettre un pied en Austrasie par son mariage. Cette idée n'a pas l'heur de plaire à son papa qui le fait arrêter, tonsurer – signe de grosse colère chez les Mérovingiens – et enfermer dans un cloître. Sachant que ses heures sont comptées et qu'il risque d'être atrocement torturé, Mérovée supplie Galien, son meilleur ami, de le tuer. Celui-ci procède à ce suicide assisté mais, ce faisant, il prive Frédégonde d'une jubilatoire séance de torture. Il devra en répondre : dès qu'elle parvient à lui mettre la main dessus, en 577, elle lui fait couper le nez, les oreilles, les mains et les pieds…

Dans les mois qui suivent disparaissent un autre fils de Chilpéric, Clovis – retrouvé assassiné dans sa cellule, Frédégonde ayant réussi à convaincre son mari qu'il complotait contre lui –, puis Audovère, assassinée, et sa fille Basine, torturée, violée et peut-être assassinée à son tour.

Autour de Frédégonde, les morts s'accumulent. Elle s'est débarrassée des deux premières femmes de son mari et de leurs enfants, mais n'a pas pour autant le moral au beau fixe car, entre 575 et 584, elle perd quant à elle ses quatre fils. Dans une atmosphère familiale aussi tendue, elle choisit de ne pas annoncer l'heureuse naissance de son petit Clotaire, histoire de protéger le seul de ses héritiers qui soit encore vivant.

Alors qu'il vient juste d'être à nouveau père, Chilpéric, son mari, est lui aussi assassiné à Chelles : soit sur l'ordre de Brunehaut, soit à l'instigation de Frédégonde qui, depuis quelque temps, aurait un amant, Landry, le maire du Palais dont le nouveau-né Clotaire pourrait être le fils… Embrouille en Neustrie, dont les seigneurs pillent le trésor royal ! Dans les trois années qui suivent la mort de Chilpéric, de 594 à 597, Frédégonde exerce le pouvoir seule.

Les choses ne s'arrangent pas entre Frédégonde et Brunehaut. Deux femmes au pouvoir, deux veuves, et entre ces deux âmes de fer, la haine à mort. La reine d'Austrasie fait le siège de Paris avec son fils Mérovée II. Elle exige de Gontran que lui soit livrée Frédégonde : « Elle sentait, en son cœur, fermenter les fureurs de la vengeance », résume l'historien Jean-Baptiste Joseph Champagnac dans ses *Causes célèbres anciennes et nouvelles*.

Frédégonde, à son tour, est expédiée à Rouen par Gontran et placée sous la surveillance de l'évêque Prétextat. Qu'à cela ne tienne, elle fait assassiner celui-ci en pleine messe et s'enfuit ! Et à ce proche de l'évêque qui vient l'agonir d'injures pour ce crime ignominieux, Frédégonde sert une coupe de vin empoisonné.

À ce stade, laissant déjà dix cadavres derrière elle, Frédégonde assure la régence sur la Neustrie, pour le compte de son fils Clotaire II. Brunehaut en fait autant pour son fils Childebert II. Frédégonde cherche à faire assassiner Gontran et Brunehaut. Selon Grégoire de Tours, le sicaire qu'elle envoie à sa belle-sœur est découvert : Brunehaut le lui renvoie après lui avoir fait couper une main et un pied. L'Austrasienne semble avoir davantage d'humour que sa rivale neustrienne.

Gontran va prendre Frédégonde de court en se rabibochant sur son dos avec Brunehaut. Il adopte Childebert II, puis cette harmonieuse famille recomposée signe en 587 le traité d'Andelot, par lequel le roi qui survivra à l'autre deviendra souverain des deux royaumes. Gontran assure ainsi un rôle d'arbitre entre ses deux neveux. Pour une fois, un engagement sera respecté et c'est Childebert II qui, à la mort de Gontran, deviendra effectivement roi d'Austrasie et de Bourgogne.

En 597, Frédégonde meurt paisiblement de sa belle mort, dans son lit, entourée de l'affection de ceux des siens qu'elle n'a pas eu le temps d'estourbir.

Postérité

Punition divine, Brunehaut perd son fils Childebert II la même année. Ses deux petits-fils, Théodebert et Thierry II, vont se partager l'Austrasie et la Bourgogne. Leur grand-mère les pousse à poursuivre la *faide* en allant se battre contre Clotaire II. Pour faire vite, échec total, tonsure générale et bain de sang !

En 613, Brunehaut a plus de 80 ans, âge tout à fait exceptionnel à l'époque. C'est donc sur une très vieille dame que Clotaire II va achever la sale besogne entreprise par sa défunte mère Frédégonde. La mort atroce de Brunehaut est entrée dans l'histoire : après avoir été exposée nue au dos d'un chameau, elle est attachée par les cheveux, un bras et une jambe à la queue d'un cheval sauvage, puis son corps en lambeaux est brûlé. La postérité blâmera Frédégonde et Clotaire mais tous les nobles d'Austrasie ont exigé cette vengeance sur Brunehaut, pour que soit à jamais effacée sa mémoire. Fin de Brunehaut qui, si elle eut aussi sa part de crimes et d'atrocités, avait « le génie d'une grande femme d'État », selon Marcel Brion.

En guise de plaidoirie au tribunal de la mémoire, il existe très peu de sources sur cette époque et, dans celles dont nous disposons, Frédégonde est décrite comme plus ou moins démoniaque. Grégoire de Tours la dépeint comme une femme cruelle et dévorée d'ambition, mais lui-même est le héraut de Sigebert, roi d'Austrasie, marié à Brunehaut. Lorsque les rois francs ont investi la Gaule, les évêques ont joué un rôle important, s'opposant à eux, exerçant un pouvoir civil pour tenter de maintenir l'ordre au sein des grandes cités et d'en protéger les populations. Ayant épousé la cause de Sigebert et de Brunehaut, Grégoire de Tours ne peut être que dans le camp du bien. Le camp d'en face est donc forcément celui du mal et c'est faire œuvre pie que de le salir. Si en revanche on lit Frédégaire, lui est hostile à Brunehaut.

Certes, Frédégonde a du sang sur les mains ; mais à y regarder de plus près, ses crimes sont avant tout des crimes politiques. Elle vit dans une époque où l'on s'entre-tue quotidiennement pour le pouvoir. Elle ne fait que se conformer aux pratiques musclées du moment, approuvées par la haute aristocratie des leudes.

Par ailleurs, l'époque est cruelle, certes, mais elle permet tout de même à deux femmes de diriger leur royaume. Quels autres exemples en a-t-on dans l'histoire de France, hormis Blanche de Castille, Louise de Savoie et Catherine de Médicis ? Aussi Frédégonde n'a-t-elle pas toujours été vue comme une horrible souveraine. Au XIIIe siècle, quand Blanche de Castille exerce la régence et qu'il faut montrer que les femmes peuvent être de bonnes administratrices, des ouvrages à la mode décrivent Frédégonde comme une reine sage et capable.

Les esprits chagrins objecteront qu'à côté de ses victimes les plus connues, Frédégonde aurait fait couper oreilles, nez, pieds et mains à un grand nombre de personnes. Il manque également une victime de taille à son tableau de chasse, une survivante : sa propre fille Rigonthe. Mère et fille ne s'entendaient pas du tout, selon Grégoire de Tours : elles se chamaillaient à longueur de journée et se battaient à coups de poings. Pour amadouer sa fille, Frédégonde lui propose un jour de se servir dans un coffre contenant toutes sortes de parures et de joyaux que lui a laissés Chilpéric. Dès que Rigonthe se penche sur le coffre, Frédégonde ferme violemment le couvercle, de manière à lui faire le coup du lapin. Elle appuie si fort que les yeux de sa fille sont près de lui sortir des orbites. Une suivante de Rigonthe se précipite, sauvant *in extremis* la vie de sa maîtresse.

Ceux qui souhaiteraient dire une prière pour le repos de l'âme de la douce Frédégonde peuvent se rendre en l'église Saint-Germain-des-Prés, à Paris, où ses ossements achèvent de se dissoudre dans le sol, ou encore à la basilique de Saint-Denis, où l'on peut admirer sa magnifique dalle funéraire.

Quant au tombeau de Brunehaut, qui se trouvait à l'abbaye Saint-Martin d'Autun, il a été ouvert le 25 août 1632 en présence d'une foule nombreuse, afin de voir s'il contenait réellement ses restes. « On y trouva la poussière de ses os mêlée à quelques charbons, écrit Louis-Antoine-François de Marchangy dans sa *Gaule poétique*, citée par Champagnac. On trouva aussi, parmi ces tristes débris, l'éperon qu'on avait attaché aux flancs du coursier pour le rendre plus furieux et qui, tombé par hasard dans les vêtements de Brunehaut, fut jeté avec elle dans le bûcher et recueilli avec ses restes. » Le coffret fut remis dans le sépulcre avant de disparaître en 1793 dans la tourmente révolutionnaire.

Peut-être possédez-vous sans le savoir, dans votre boîte à clous, l'éperon du destrier furieux de Brunehaut, assassinée par Clotaire, fils de l'immonde Frédégonde…

LA SAINTE MEURTRIÈRE

Par Sophie Brouquet

REGARDE CONSTANTIN, COMME CES IMAGES SONT DIVINES !
AH AH. TRÈS DRÔLE, MAMAN…

Irène l'Athénienne
(752-803)

Impératrice et empereur, sainte de l'Église orthodoxe, usurpatrice et mère castratrice, la personnalité d'Irène d'Athènes n'est pas étrangère à la naissance d'une image ambiguë, luxurieuse et perfide de Byzance, forgée en Occident dès le règne de son contemporain, Charlemagne. La destinée de cette femme, qui a déposé son fils de son trône et lui a fait crever les yeux pour prendre le pouvoir, est unique. Quel est le personnage historique, homme ou femme, qui peut se vanter d'avoir été autant honni que vénéré ? Furie ou sainte, l'opinion varie, quand il s'agit de religion…

Concours de beauté

Irène, dont le prénom, signifie « la paix », est issue d'une famille aristocratique d'Athènes. La légende veut qu'elle ait été sélectionnée à l'issue d'un concours de beauté, une pratique répandue pour choisir les impératrices de Byzance ; cependant, même si Irène est célébrée pour sa beauté, elle a sans doute été élue pour son origine et son éducation.

Cette provinciale arrive pour la première fois à Constantinople à 15 ans, le 1er septembre 768. La capitale de l'Empire est alors dominée par la personnalité imposante de l'empereur Constantin V, un homme qui soulève les passions, entre adoration et haine. Ses ennemis l'ont affublé du surnom de « Copronyme », c'est-à-dire « au nom de merde ». Cette aversion est née de sa politique religieuse. Grand capitaine, dont les victoires contre les Arabes et les Bulgares lui apportent le soutien de l'armée et du peuple, il se heurte toutefois à l'opposition des moines iconodoules (serviteurs des images) en réaction à sa politique iconoclaste (briseur d'images). Quand elle arrive à Constantinople, la jeune fille perçoit ce malaise jusqu'au sein du palais impérial.

Léon III, le grand-père de son futur conjoint, a fondé la dynastie isaurienne et a été l'initiateur de la « querelle des images » dès l'an 730. L'iconoclasme s'accentue sous le règne de Constantin V qui, en février 754, préside un concile au palais impérial de Hiéra, où il fait proclamer l'iconoclasme comme la doctrine officielle de l'Empire byzantin. Toutes les images doivent être détruites, leurs partisans sont chassés de l'administration et de l'armée, et soumis à des persécutions. Les monastères qui s'opposent à l'empereur sont fermés, leurs moines dispersés et leurs domaines fonciers confisqués par le pouvoir. Les motivations de Constantin sont religieuses, mais aussi politiques. Il se considère comme le lieutenant du Christ sur terre et détenteur du pouvoir temporel et spirituel, convoquant et présidant les conciles. Constantin V a l'intention de faire plier le clergé, trop puissant et trop riche. Mais la brutalité de l'empereur divise profondément la société byzantine.

Impératrice

C'est dans cette ambiance qu'Irène, fervente adoratrice des icônes, fait son entrée dans le palais de Constantinople. Elle est conduite au gynécée où résident les femmes de la famille impériale, servies par des eunuques qui l'initient aux rituels complexes de la cour byzantine et à ses intrigues. La jeune fille entre dans l'Histoire à l'occasion de son mariage avec l'héritier de l'Empire byzantin, le prince Léon, le 17 décembre 768. Elle est couronnée, reçoit le titre d'*Augusta* et l'hommage des hauts dignitaires de l'administration. Puis, les deux époux parcourent la ville sous les acclamations de la foule. La journée se termine par un grand festin. Le lendemain, elle assiste à l'hippodrome aux courses de chevaux dont les supporters, divisés en « bleus » et « verts », s'opposent souvent en des rixes sanglantes. Deux ans plus tard, Irène donne naissance à un fils prénommé Constantin, en l'honneur de son grand-père.

Constantin V meurt en 775 et laisse à son fils Léon IV, âgé de 26 ans, un empire déchiré par les querelles religieuses. Léon poursuit la politique iconoclaste de son père. Cependant, Irène, devenue impératrice *(Basilissa),* ne cache pas sa vénération pour les images et obtient de son mari la fin des persécutions contre les moines. Après un court règne de cinq ans, Léon meurt brutalement le 8 septembre 780, à l'âge de 30 ans. Irène devient alors la régente de l'Empire au nom de son fils Constantin VI, un enfant âgé de 10 ans.

L'Empire est alors confronté aux menaces de deux dangereux ennemis, les Bulgares et les Arabes, et profondément divisé entre iconodoules et iconoclastes. La première volonté de l'impératrice est de rétablir les images saintes, mais elle doit d'abord asseoir solidement son pouvoir, avant d'afficher clairement ses intentions. Pour gouverner, elle choisit des hommes de confiance, des eunuques du palais, qu'elle nomme aux postes clefs de l'armée et de l'administration. Profitant de la minorité de son fils, elle fait restaurer les églises et les monastères. Cependant, la prise du pouvoir par une femme ne va pas sans soulever des critiques, en particulier de la part des proches de Léon IV dont les deux frères complotent pour la renverser dès la première année de sa régence – mais les conjurés sont découverts et exilés.

Irène profite de la démission du patriarche de Constantinople pour mettre fin à l'iconoclasme en nommant à la tête de l'Église byzantine son secrétaire Taraise, lequel s'empresse de convoquer un concile, en 786. Mais la régente a sous-estimé l'attachement de l'armée à la mémoire de Constantin V, l'empereur victorieux et iconoclaste. Aussi, quand les membres du clergé se réunissent la veille du concile dans l'église des Saints-Apôtres, les soldats tentent-ils d'en empêcher la tenue. Irène reste confiante. Elle est sûre que sa présence ainsi que celle de son fils suffiront à calmer les dissidents. Le 1er août 786, le concile se réunit ; mais, dès l'ouverture des débats, les soldats s'engouffrent dans l'église, acclamés par les évêques iconoclastes aux cris de : « Nous avons vaincu ! Nous avons vaincu ! » Le concile est dissous. Irène, furieuse, rumine sa vengeance.

Cet échec lui a fait comprendre qu'elle doit se débarrasser à tout prix des régiments iconoclastes, qu'elle envoie à l'est de l'Anatolie sous prétexte de lutter contre les Arabes. Arrivés sur place, les soldats sont arrêtés par des troupes loyalistes : les récalcitrants sont emprisonnés, leurs biens saisis, et leurs femmes et leurs enfants enfermés pour servir d'otages en cas de rébellion. Dans cette affaire, Irène se montre résolue et déterminée et réussit à supprimer toute opposition. Du moins pour l'instant.

Désormais, l'impératrice peut réunir un concile à Nicée en mai 787, présidé par le patriarche Taraise, qui proclame l'iconoclasme hérétique et rétablit le culte des images. Le 23 octobre 787, les membres du concile assistent au palais de la Magnaure de Constantinople à la signature par Irène et son fils du document ordonnant la restauration des icônes. Ensuite, l'impératrice prend la tête d'une procession qui se dirige vers l'hippodrome afin de célébrer le triomphe de l'orthodoxie. Elle est acclamée par les iconodoules qui la qualifient de « Nouvelle Hélène », une allusion à sainte Hélène et à son fils, l'empereur romain Constantin le Grand, fondateur de Constantinople.

Cette victoire facile l'encourage à s'attaquer désormais à l'avenir de la dynastie. Irène cherche une fiancée à son fils. Dans un premier temps, elle envisage une alliance matrimoniale avec une fille de Charlemagne, mais ce projet échoue. Elle décide alors d'organiser un concours de beauté pour choisir sa future bru. Des émissaires sont envoyés dans toutes les provinces de l'Empire afin de sélectionner des jeunes filles de l'aristocratie sur des critères bien précis : la taille des pieds, le poids, la grandeur, mais aussi les origines de la jeune fille. Treize candidates sont retenues et envoyées à Constantinople, mais Irène a déjà choisi sa favorite : une jeune fille issue d'une famille iconodoule, et étrangère à toute notion de politique,

Marie d'Amnia. Ce choix ne convient pas à Constantin V, âgé de 18 ans, qui est contraint par sa mère d'épouser Marie en novembre 788.

En dépit de la majorité de son fils, Irène est bien décidée à gouverner seule et l'affiche clairement. Dans les cérémonies et les acclamations officielles, son nom précède celui de Constantin. L'empereur se sent humilié et isolé, sans aucune influence sur sa mère, qui n'écoute que son premier conseiller, l'eunuque Staurakios. Si Constantin n'ose pas s'attaquer à sa mère, il fomente un complot contre son favori. Mais il est dénoncé par les espions de Staurakios et ses complices sont exilés. Se méfiant de l'armée, Irène oblige les soldats à lui prêter serment à elle seule et jusqu'à sa mort, et pas à son fils. Constantin VI est consigné dans ses appartements du palais. En 790, Irène est plus puissante que jamais.

Cependant, son pouvoir est remis en question par la terrible défaite de la flotte byzantine contre les Arabes qui s'emparent de Chypre. L'humiliation chypriote met en émoi certains régiments, restés fidèles à l'empereur ; la révolte gronde. Les soldats refusent de prêter serment à l'impératrice, accusée d'être responsable du désastre. Avant que les régiments n'entrent dans Constantinople pour la chasser du trône, Irène fait libérer son fils et reporte toute la faute sur Staurakios, qui est banni. Mais l'empereur n'est pas dupe et place sa mère en résidence surveillée dans son palais préféré d'Éleuthère. Les soldats proclament Constantin VI seul empereur légitime, et le portent sur le trône le 10 novembre 790.

À peine un an et un mois plus tard, Constantin VI, qui reste très attaché à sa mère, la rappelle à la cour et lui offre le titre de co-impératrice *(Augusta)*. Cependant, la querelle des images rebondit, car Constantin VI a la ferme intention de rétablir la politique iconoclaste de son père et de son grand-père. Dans ces conditions, sa mère n'hésite pas à monter les moines contre son fils et à faire circuler dans le peuple toutes sortes de calomnies sur l'empereur. Irène est convaincue de sa bonne foi et de ses qualités politiques, bien supérieures à celles de son fils, qu'elle discrédite auprès de l'administration et de l'armée. Il est vrai que, l'ayant écarté du pouvoir dès son plus jeune âge, elle l'a empêché d'acquérir une quelconque connaissance des affaires publiques.

Coup d'État

En 793, après une grave défaite contre les Bulgares causée par l'impéritie de l'empereur, une partie de l'armée se révolte contre lui. En faisant crever les yeux de ses deux oncles qui complotaient contre lui, Constantin VI s'aliène le peuple. Il aggrave encore son cas en affichant son amour pour une dame de compagnie de sa mère, Théodote. Il répudie sa femme Marie en janvier 795 pour épouser sa maîtresse, provoquant la colère du clergé. La nouvelle impératrice donne naissance à un fils, ce qui réjouit l'empereur, mais beaucoup moins Irène qui craint d'être évincée du pouvoir. Elle n'hésite pas à fomenter un coup d'État pour chasser son fils du trône.

Le 17 juillet 797, Constantin se promène dans les jardins du palais quand il est attaqué par les conjurés qui tentent de s'emparer de lui, mais il réussit à s'enfuir et à prendre un bateau pour traverser le Bosphore. Il débarque sur la rive asiatique, au port de Pylai, où il est rejoint par quelques courtisans qui hésitent à choisir entre la mère et le fils. Irène prend les devants en leur envoyant des messagers qui les menacent de sa vindicte s'ils ne s'emparent pas de son fils. Tandis que celui-ci repose sur son lit, ses proches le capturent et le ramènent sous bonne garde au palais, où il est enfermé dans la chambre de Porphyre. Pendant ce temps, Irène rassemble ses partisans et se proclame, non pas « impératrice », mais « empereur », doté de tous les attributs du pouvoir suprême. Dans ses ordonnances, elle se fait appeler « Irène, grand *basileus* et *autocrator* des Romains », sans que personne n'ose protester.

Mais que faire de Constantin VI ? Irène, Staurakios et ses autres conseillers hésitent entre deux solutions : le tuer ou bien l'aveugler, selon un rituel de déposition en vigueur à Byzance. En effet, le droit romain interdit qu'un infirme monte sur le trône impérial. Aussi, aveugler un empereur est-il l'un des moyens utilisés pour s'en débarrasser sans être accusé de régicide. Dans la nuit du 18 au 19 août 797, sur les ordres de sa mère, des sicaires s'introduisent dans la chambre de l'empereur et lui crèvent les yeux au moyen de poinçons. Constantin ne meurt pas tout de suite ; il est peut-être envoyé discrètement sur une île du Bosphore, Prinkipo, où il serait décédé de ses blessures, on ne sait quand.

Les images de Constantin sont effacées et remplacées par celle de « l'empereur Irène », qui règne en femme avisée sur l'un des plus grands empires de son temps. En chassant du trône et en mutilant son propre enfant, Irène considère qu'elle a agi à l'instigation de Dieu pour rétablir le culte des saintes icônes. Elle a le soutien des moines qui la bénissent et qu'elle couvre en retour de dons, afin de reconstruire leurs monastères et de les orner d'images. Peu favorable à l'armée, elle préfère la diplomatie et convient d'une paix avec le célèbre calife de Bagdad, Harun al-Rachid, le héros des *Mille et Une Nuits*, à qui elle offre de payer un tribut à condition qu'il mette fin aux raids arabes sur son Empire. Cette politique permet de diminuer les taxes et les droits de douane, et de développer le commerce avec les Balkans et l'Occident. Mais Irène sait aussi user de la force, contre les Bulgares et les Slaves repoussés par ses armées. Cette politique lui attire le soutien du peuple et des riches marchands. Le lundi de Pâques 799, elle se rend, comme le veut la tradition, du palais à l'église des Saints-Apôtres pour s'y recueillir sur les tombes de ses prédécesseurs. Elle parade sur un char tiré par quatre chevaux blancs, lançant par centaines des pièces d'or à la foule en liesse. Elle est à son apogée.

L'impératrice a des rivaux dignes d'elle : le calife Harun al-Rachid, dont les armées menacent son Empire, et Charlemagne. Elle considère comme un affront personnel le couronnement impérial du Franc, le 25 décembre 800 à Rome ; car, pour elle comme pour tous ses sujets, il ne peut y avoir qu'un seul empereur chrétien, héritier des Césars, celui de Constantinople. De son côté, Charlemagne se veut le restaurateur de l'Empire romain et n'hésite pas à discréditer cette femme, parvenue au pouvoir après avoir fait aveugler son fils. Cependant, Irène envoie des ambassadeurs à Aix-la-Chapelle pour proposer à Charlemagne un mariage qui donnerait naissance à un empire bicéphale, chacun d'eux restant dans sa capitale. Ce projet suscite une vive opposition à Constantinople ; quant à Charlemagne, il hésite. Quand ses ambassadeurs arrivent à Constantinople, Irène a déjà été chassée de son trône.

Canonisée

À l'orée du IXe siècle, elle approche de la cinquantaine et sa santé décline ; elle se retire dans sa résidence préférée, le palais d'Éleuthère, d'où elle gouverne. Staurakios est mort et l'impératrice s'appuie désormais sur Actios, le chef de la garde impériale, jalousé par les courtisans – en particulier le ministre des Finances, Nicéphore, qui fomente un coup d'État. Dans la nuit du 31 octobre 802, les conjurés frappent à la porte du palais impérial, prétextant que l'impératrice leur a ordonné de proclamer Nicéphore empereur, car elle redoute un complot d'Actios. Les gardes se laissent convaincre et, une fois dans le palais, Nicéphore se fait proclamer empereur par une assemblée de hauts fonctionnaires. Puis, il envoie des soldats arrêter Irène, surprise dans son sommeil. Sans résister, elle se laisse conduire au palais impérial où elle est tenue sous bonne garde. Le lendemain, Nicéphore Ier est couronné empereur dans la basilique Sainte-Sophie. Revenu au palais, il rend visite à Irène qui lui confesse que Dieu l'a placée sur le trône et qu'elle a échoué à cause de ses péchés. Elle considère que l'avènement de son rival est la volonté du Tout-Puissant qui lui a retiré sa charge impériale en faveur d'un autre, plus digne d'elle. Plus prosaïque, Nicéphore lui ordonne de lui livrer tous ses trésors, ce qu'elle fait sans discuter. Irène ne lui demande qu'une faveur, celle de demeurer au palais d'Éleuthère. Nicéphore accepte, mais il se méfie, et revient sur sa promesse en exilant Irène au monastère de femmes qu'elle avait fondé sur l'île de Prinkipo, là où son fils aurait achevé misérablement son existence. L'impératrice déchue y demeure une dizaine de jours. Entourée de religieuses, elle y jouit du statut de supérieure du couvent. Mais Irène a toujours des partisans, aussi Nicéphore préfère-t-il l'envoyer sur l'île de Lesbos, plus éloignée de Constantinople, où elle est enfermée dans sa cellule de moniale, au monastère de Mytilène. Elle y meurt le 9 août 803.

L'histoire d'Irène aurait pu s'arrêter là, mais c'était compter sans l'activisme des religieuses du monastère de Prinkipo qui réclament les restes de l'impératrice et l'honorent comme une sainte et la championne des iconodoules. Peu après sa mort, le moine Théophane rédige sa *Vie*. Il y présente une Irène entièrement dévouée à l'Église et au culte des icônes, et dont toutes les actions ont été guidées par Dieu, même son usurpation et son attitude envers son fils. Un autre moine byzantin, Théodore Studite, voit en Irène une âme sainte qui a délivré son peuple de l'hérésie pour la plus grande gloire du Christ. En 864, elle est canonisée par le patriarche de Constantinople. Ses restes sont transportés dans la capitale où ils sont enterrés dans l'église des Saints-Apôtres, auprès de son mari. Alors que l'Orient chrétien la vénère comme une sainte, en Occident, elle demeure une mère dénaturée, une usurpatrice.

Irène repose en paix dans la nécropole impériale jusqu'à ce que les Croisés francs pillent Constantinople en 1204 et profanent les tombes impériales, espérant y trouver des objets de valeur. Ses restes disparaissent quand, en 1461, le conquérant de Constantinople Mehmet II fait raser l'église des Saints-Apôtres pour la remplacer par une mosquée.

Sainte pour les uns, manipulatrice cruelle pour les autres, Irène est incontestablement une femme d'une grande intelligence, et selon ses contemporains, une beauté ; mais aussi une femme de pouvoir, une habile politique, ambitieuse, rusée, sans scrupule, tout autant qu'une dévote sincère. Sa ferveur religieuse et sa dévotion aux icônes donnent la clef de toutes ses actions, au cœur d'une querelle politico-religieuse qui a ébranlé l'Empire byzantin, celle de l'iconoclasme. A-t-elle été manipulée par le parti des moines, fers de lance des iconodoules ? C'est possible, mais il est plus probable qu'elle partageait entièrement leurs idées les plus extrémistes. Comme elle l'a révélé à Nicéphore, elle a agi en pleine conscience et n'a jamais regretté aucune de ses actions. Elle a toujours considéré que le pouvoir devait lui revenir afin d'accomplir l'œuvre de Dieu, quitte à faire mutiler son propre fils. L'Histoire nous enseigne qu'elle n'est pas la seule à avoir usé de ce prétexte.

LA COMTESSE SANGLANTE

Par Nicolas Carreau

Erzsébet Báthory
(1560-1614)

Il est des tours de garde moins pénibles que d'autres. La sentinelle en poste s'ennuie bien un peu en ce 21 août 1614, mais la tâche est légère. On lui demande simplement de rester là, assis devant une porte close, hermétique même. Une fois par jour, le soldat ouvre le guichet et dépose une assiette ainsi qu'un pichet d'eau sur une tablette. Il referme. Mission accomplie.

Pourtant, il n'y avait pas beaucoup de volontaires pour le poste. Et c'est vrai qu'au début les gardes sentaient quelques frissons leur parcourir l'échine en pensant que seul un mur les protégeait du monstre. Mais on s'habitue à tout et, même en la circonstance, la routine a pris le dessus. Restent les méchants courants d'air et l'atmosphère lugubre du château de Čachtice, juché sur un éperon rocheux dans le massif des Carpathes, en Hongrie (aujourd'hui en Slovaquie). C'est la demeure de la comtesse Erzsébet Báthory de Ecséd, recluse depuis quatre ans dans une seule pièce murée, afin d'expier ses crimes, crimes pour lesquels elle sera surnommée pour l'éternité : « la Comtesse sanglante ».

Mais ce jour-là, il y a quelque chose d'inhabituel. La comtesse ne fait jamais tellement de bruit, elle attend que la vie passe, absorbée dans sa folie, mais, tout de même, on entend parfois le cliquetis des couverts dans l'assiette en étain quand elle s'en saisit, le bruit d'une chaise, quelques pas. Ce 21 août, rien. Et l'assiette est restée à sa place depuis plusieurs heures. Le porte-clefs déverrouille les différentes serrures, on ouvre. Elle est étendue là, morte. La Comtesse sanglante a enfin rejoint son maître, le diable, et ses quelque six cents victimes.

Tares familiales

Erzsébet (ou Élisabeth) Báthory est née cinquante-quatre ans plus tôt, en Transylvanie, à Nyírbátor, et grandit au château familial d'Ecséd. Sa famille justement est puissante et l'une des plus anciennes de la région. Elle est la nièce, par exemple, du prince de Transylvanie, Étienne, brièvement roi de Pologne. Les Báthory sont les alliés des Habsbourg. Mais les membres de cette famille se disputent les pires tares : consanguinité, inceste – l'un de ses cousins a eu deux enfants de sa sœur –, cruauté, folie délirante, meurtre… Sa tante Klara est connue pour avoir assassiné ses deux premiers maris. Tout se passe comme si chacun avait apporté un peu plus de vices à la génération suivante, pour enfanter finalement le pire d'entre tous : Erzsébet.

C'est pourtant une enfant alerte et très intelligente. À 11 ans seulement, elle est promise au « Chevalier noir », sobriquet de Ferenc Nádasdy : chouette garçon qui s'est bâti une solide réputation de guerrier cruel et sanguinaire dans la guerre contre les Ottomans. Elle le rejoint à l'âge de 15 ans, pour le mariage, alliant ainsi les deux plus grandes familles de la région. Entre-temps, Erzsébet a fauté avec l'un des serviteurs du château et tombe enceinte. L'amant paie cher cette escapade amoureuse. Ferenc le fait d'abord castrer, puis exécuter.

Nádasdy a de quoi s'inquiéter et attiser sa jalousie. La plupart du temps, il est en campagne contre les Turcs. Erzsébet, elle, s'ennuie mortellement. Elle gâche sa beauté à errer entre ces murs ou dans son domaine qu'elle administre d'une main de fer, d'ailleurs. Le seul portrait présumé de la comtesse montre une femme d'une beauté étonnamment moderne : le visage fin, un long cou, un regard perçant quoiqu'un peu inquiétant, et une moue dédaigneuse qui trahit son ennui. Quand le prince rentre, c'est pour tenter d'assurer sa descendance. Mais la progéniture se fait attendre et la comtesse en est tenue pour responsable. Il lui faudra dix ans pour donner enfin des enfants à son mari. Et encore ! Des filles. Anna, d'abord, puis Katarina. Heureusement, Pál, un garçon, voit le jour en 1593. Mais il meurt quatre ans plus tard.

Selon les témoignages et les diverses correspondances, la comtesse fait d'abord preuve d'une grande humanité, vient en aide aux nécessiteux, aux victimes des incursions turques et, en l'absence de son mari, c'est elle qui règle les affaires administratives de son domaine. Elle organise la résistance contre les Ottomans qui, parfois, réussissent à entrer et à piller les villages, dont celui de Čachtice. Par ailleurs, la comtesse a reçu une éducation poussée, parle et lit plusieurs langues : le latin, bien sûr, mais aussi l'allemand et le hongrois et le grec et le roumain. C'est une femme brillante, courageuse et cultivée. Après la mort de son mari, elle règne sur un comté puissant, capable d'inquiéter Matthias Ier de Habsbourg lui-même, futur empereur du Saint-Empire.

Magie noire

La comtesse s'entoure alors d'une petite cour, de conseillers plus ou moins occultes et plus ou moins légitimes. La légende raconte que l'une de ses principales conseillères était une sorcière, Anna Darvulia. L'histoire, elle, assure en tout cas que ne la quittait jamais le nain Ficzkó, un gnome difforme, sorti tout droit d'un conte gothique, tout au service de sa maîtresse.

Malgré le domaine et les péripéties nombreuses de sa vie de comtesse, Élisabeth Báthory s'ennuie vite. Elle erre parfois, desœuvrée, dans son château. Par ailleurs, elle est sujette à des migraines insupportables et souffre de ce que l'on a depuis identifié comme des crises d'épilepsie. Elle voit en tout cas sa vie s'étioler, sa beauté se faner, jour après jour. Son occupation principale consiste à maltraiter les domestiques qui ont le malheur de lui déplaire. Dans sa correspondance, elle décrit sa manière de torturer tel ou tel paysan afin d'en faire un exemple et de conserver son autorité. Par jeu – ou par curiosité –, elle enduit un jour une jeune fille de miel, l'attache à un arbre de la forêt attenante et la laisse se faire dévorer par les insectes. Elle tourmente à l'envi qui lui tombe sous la main. Un jour, lors d'une promenade avec l'un de ses cousins, elle croise une vieille femme voûtée qui peine sur le chemin. Elle se moque de sa difformité, raille la pauvre paysanne, prend à témoin son cousin pour railler la laideur de cette femme qui ne vaut pas mieux qu'une bête. Mais contre toute attente et toute convention, la vieillarde relève la tête, plante son regard dans les yeux d'Erzsébet et, dans une vraie malédiction de sorcière, lui lance : « Toi aussi, comtesse, tu vieilliras ! » Erzsébet tressaille, elle n'a même plus le cœur à jouer avec ce nouveau souffre-douleur et la laisse aller. Elle regagne son château, mais tourne la sentence de la vieille dans sa tête. Elle le savait, bien sûr, mais l'invective fonctionne comme un déclencheur. Toute sa fortune, tout son pouvoir ne pourra rien contre le temps qui passe. Reste la magie. La magie noire.

Quelque temps plus tard, pour une broutille, elle frappe violemment une servante. Le coup est si brutal que la pauvre jeune fille saigne du nez et souille de son sang la main de la comtesse. Horrifiée, Erzsébet tente d'effacer la tache. Mais en frottant, elle remarque que sa peau est devenue plus claire, comme si le sang de la jeune fille avait vivifié son teint, comme si... Comme si sa peau avait rajeuni... Et si, se dit-elle, elle avait découvert là un élixir de jouvence ? Pour en avoir le cœur net, elle achève la jeune fille, elle l'assassine ; elle s'enduit le corps de son sang et, de nouveau, le miracle s'accomplit. Ses rides s'estompent, elle en jurerait, sa peau est plus tonique et plus claire.

Mais l'onguent n'est pas facile à se procurer. Erzsébet charge donc le nain Ficzkó, une nourrice, Jó Ilona, et une servante, Dorkó, de battre sa campagne pour lui ramener des jeunes filles. Ici et là, des fillettes disparaissent, enlevées ou achetées par la sinistre petite troupe.

C'est un massacre. Mais la comtesse n'a-t-elle pas droit de vie et de mort en ses terres ? Les fillettes sont d'abord enfermées au château, torturées, puis assassinées et saignées. Erzsébet plonge tout entière dans des bains de sang frais pour tenter de rajeunir.

Or, la méthode se révèle moins efficace que prévu. « C'est qu'il m'en faut plus ! », estime Erzsébet. Et les battues s'intensifient.

Retour des vampires

La terreur s'installe chez les paysans. Le soir, on fait les comptes. Qui a encore disparu aujourd'hui ? On cache les jeunes filles, on cherche des explications. On évoque et invoque les esprits, les fantômes des légendes locales. Certains avancent qu'il s'agit là du retour des vampires, bien connus dans la région. Mais on observe aussi, on est à l'écoute. Et les rumeurs galopent. Des témoins proches du château racontent que l'on voit, la nuit tombée, des formes humaines évoluer dans la pénombre et s'échiner à creuser des trous pour y déposer des corps. Les alentours du château se transforment en un gigantesque cimetière clandestin. Ce sont les serviteurs de la comtesse qui se débarrassent des dépouilles exsangues. D'ailleurs, depuis longtemps, la cure de jouvence n'est plus qu'un prétexte. Erzsébet a simplement pris goût à la torture. Elle malmène pour le plaisir, maintenant. Elle essaye différentes formes de souffrances à infliger, elle se régale des cris de douleur, et se repaît du regard interdit et désespéré de ses victimes. Elle est en passe de devenir la plus grande psychopathe de l'histoire.

On sait à présent, mais l'on se tait. À qui se plaindre, de toute façon ? On s'en remet à Dieu et on prie, voilà tout. Un homme, pourtant, décide de s'en mêler et de tirer l'affaire au clair. Un serviteur de Dieu, justement : le pasteur luthérien István Magyari. Il accuse publiquement la comtesse lors de ses prêches. Il envoie des courriers en haut lieu, c'est-à-dire à la cour de l'empereur Matthias Ier. Mais les missives sont systématiquement interceptées par les agents de la comtesse. Il n'échappe pas, bien entendu, aux menaces et aux pressions. Cependant, le meurtre d'un homme de Dieu ferait tout de même un peu désordre. On tente de l'acheter, on le passe à tabac, et le pasteur se calme. La moisson des jeunes filles peut reprendre. Mais avec elle la peur et les conversations aussi. La rumeur enfle et même si personne ne se risque à prévenir directement la cour, l'information, par bribes, se répand et parvient finalement à destination.

L'empereur Matthias Ier se réjouit. Pas des meurtres, mais de l'opportunité de contrecarrer la puissance de cette province et de cette famille, qui menace sa domination. Il envoie ses hommes enquêter sur place et faire la lumière là-dessus. La comtesse Báthory se nourrirait du sang de jeunes victimes, c'est un peu gros. Ce ne serait pas la première fois qu'une légende vampirique se répandrait dans les campagnes.

Le procès

Les envoyés de l'empereur se rendent donc sur place et commencent leurs investigations. À leur tête, un palatin : György Thurzó. Il connaît bien Erzsébet. C'est un proche de la famille Nádasdy et il a combattu aux côtés de Ferenc, le défunt mari de la comtesse. Les enquêteurs gagnent le château à la fin décembre 1610. Et l'affaire est rapidement bouclée. La comtesse ne se cache plus. Ils sont reçus par un domestique balafré, à moitié mort déjà et qui ne tient debout que par la terreur de recevoir de nouveaux coups. Çà et là, des corps mutilés jonchent le sol. Thurzó pénètre dans le premier cercle des enfers et assiste, horrifié, au spectacle de la procession des damnés. Partout, des corps ou des agonisants. L'odeur est insupportable. En poussant plus avant, il découvre de nouveaux corps ou des blessés dans les cachots et les caves de la forteresse. La comtesse le reçoit pourtant avec maints égards et ne comprend pas pourquoi Thurzó lui cherche querelle pour ces pécores, vivantes ou mortes.

Erzsébet Báthory et ses complices sont arrêtés, un procès s'ouvre. Les minutes ont été conservées et rapportent les faits tels que les témoins les ont racontés. Trois cents témoignages à charge dénoncent les crimes. Des parents, des proches ou des martyrisées elles-mêmes, miraculeusement en vie. On compte un peu plus de six cents victimes de la comtesse, sans que leur nombre exact puisse être établi.

Les accusés parlent eux aussi, comme le nain Ficzkó, dont les propos sont rapportés par Jean Markale dans son livre *L'Énigme des vampires* : « Elles [les servantes] attachaient les mains et les bras très serrés avec du fil de Vienne, et les battaient à mort, jusqu'à ce que tout leur corps fût noir comme du charbon et que leur peau se déchirât. L'une supporta plus de deux cents coups avant de mourir. Dorkó leur coupait les doigts un à un avec des cisailles, et ensuite leur piquait les veines avec des ciseaux. Jó Ilona apportait le feu, faisait rougir les tisonniers, les appliquait sur la bouche et mettait le fer dedans. Quand les couturières faisaient mal leur travail, elles étaient menées pour cela dans la salle de torture. Un jour, la maîtresse elle-même a mis ses doigts dans la bouche de l'une et a tiré jusqu'à ce que les coins se fendent. Il y avait aussi une autre femme qui s'appelait Ilona Kochiska, et qui a aussi torturé des filles. La maîtresse les piquait d'épingles un peu partout ; elle a assassiné la fille de Sitkey parce qu'elle avait volé une poire. La maîtresse a toujours récompensé les vieilles quand elles avaient bien torturé les filles. Elle-même arrachait la chair avec des pinces, et coupait entre les doigts. Elle les a fait mener sur la neige, nues, et arroser d'eau glacée ; elle les a arrosées elle-même et elles en moururent. Dans le coche, quand la maîtresse voyageait, elles étaient pincées et piquées d'épingles. »

Et voici Jó Ilona, qui, placide, raconte ses souvenirs : « Elle battait les filles cruellement et Darvulia mettait les jeunes servantes dans l'eau froide et les laissait toute la nuit. La comtesse elle-même déposait dans leur main une clef ou une pièce d'argent rougie par le feu. [...] Elle [Une servante] était chargée de mettre entre les jambes des jeunes filles du papier huilé et de l'allumer. Dorkó coupait avec des ciseaux les veines des bras ; il y avait tant de sang qu'il fallait jeter de la cendre autour du lit de la comtesse, et celle-ci devait changer de robe et de manches. Dorkó incisait les plaies boursouflées et Erzsébet arrachait avec des pinces la chair du corps des filles. »

Erzsébet n'assiste pas à son procès. Ses sbires sont condamnés à mort. Le nain Ficzkó est décapité, les autres sont menées au bûcher. La comtesse, eu égard à son rang, échappe à la mort mais se voit donc condamnée à la réclusion à vie dans cette pièce de son château. Voilà pourquoi les gardes de cette prison improvisée redoutaient leur prisonnière. Voilà pourquoi aussi il fut compliqué de trouver une sépulture à la comtesse. On proposa d'abord de l'inhumer dans l'église du village, mais l'opposition des villageois fut si forte qu'on craignit une profanation. Le corps fut donc transporté au cimetière de son village natal, Ecséd.

La légende

Entre vérité historique et légende, difficile de faire la part. On a parfois accusé Matthias Ier d'avoir lancé de fausses accusations à l'encontre de la comtesse pour s'octroyer son domaine. Mais les minutes du procès sont assez explicites. Les historiens s'accordent pour lui prêter au moins trois cents victimes, ce qui reste un joli score.

On a souvent inclus la comtesse Báthory dans la grande galerie des « vrais » vampires, au milieu de tous ces personnages de l'Histoire qui, par leur goût du sang, ont fini par inspirer et créer le mythe. En effet, on donne souvent comme modèle du comte Dracula, de Bram Stoker, Vlad III, dit « l'Empaleur » (« *Tepes* »), prince de Valachie. C'est sur lui que l'écrivain aurait calqué son célèbre vampire. C'est vrai, en partie. Pour le nom en particulier, Vlad « Dracul ». Et pour la cruauté : Vlad Tepes avait l'habitude d'embrocher ses ennemis turcs sur le champ de bataille et de s'abreuver de leur sang en contemplant son œuvre. Mais selon Jean Marigny, le grand spécialiste français des vampires, c'est bien la comtesse Báthory qui ressemble le plus au personnage de fiction. Par son titre comtal, d'abord. Par son château aussi : la forteresse de Čachtice, sur son éperon rocheux, évoque beaucoup plus la demeure de Dracula que le château de Bran, en Transylvanie, faussement associé à Vlad « Tepes » qui n'y a pourtant jamais mis les pieds et présenté au touriste comme « le château de Dracula ».

C'est au XVIIIe siècle que l'histoire – et la légende – de la comtesse Báthory se popularise. On retrouve toujours ce paradoxe que ce fut dans le siècle des Lumières et de la raison que beaucoup d'histoires de fantômes, de spectres et de vampires acquirent une immense notoriété. En l'occurrence, la comtesse doit sa célébrité à László Turóczi, qui tombe sur les archives du procès et les publie dans son livre, *Ungaria*, en 1729. L'histoire, déjà un peu abîmée, déformée par Turóczi, passe ensuite dans la fiction sous la plume de Valentine Penrose, qui publie *La Comtesse sanglante* en 1962, puis dans la littérature gothique et vampirique. Ensuite, le cinéma prend le relais. Le dernier film en date, *La Comtesse*, est signé Julie Delpy, qui interprète elle-même le rôle-titre. On retrouve Erzsébet Báthory dans diverses adaptations en bandes dessinées ou en romans, sous son nom ou masquée, mais reconnaissable, derrière un nom d'emprunt ou un scénario plus ou moins fidèle à la réalité historique.

C'est donc, non par ses pouvoirs ou ses onguents sanglants, mais par la fiction, que la comtesse Báthory a finalement accédé à l'immortalité.

LA COMTESSE MALFAISANTE

Par Stéphane Mahieu

Daria Nikolaïevna Saltykova
(1730-1801)

Le 17 octobre 1768, la foule se presse sur la place Rouge de Moscou pour assister à un événement exceptionnel : le châtiment public frappant une riche aristocrate russe, condamnée pour trente-huit meurtres. À 11 heures du matin, Daria Nikolaïevna Saltykova, surnommée la « Saltytchikha », monte sous bonne garde à l'échafaud. Elle y reste attachée pendant une heure, exposée à la foule, avec une pancarte au cou portant l'inscription : « Tortionnaire et meurtrière ». La sentence, prononcée après des années d'enquête et de procès, est lue pendant ce temps. Une charrette peinte en noir l'emporte ensuite vers un monastère où elle est emprisonnée à vie. Elle était probablement coupable d'une centaine de meurtres supplémentaires.

Ses crimes, dont les victimes sont pour la quasi-totalité des jeunes femmes, rapprochent singulièrement « la Comtesse malfaisante » de « la Comtesse sanglante », la Hongroise Erzsébet Báthory (1560-1614) : haut lignage et sentiment d'impunité dans les deux cas. Hors Russie, la figure de l'aristocrate hongroise a toutefois éclipsé celle de la comtesse moscovite.

Une jeunesse pieuse

Née Ivanova, d'une famille de haute noblesse, entrée par mariage dans celle des Saltykov qui donna à la Russie nombre de généraux et d'hommes d'État – dont, au XVIIIe siècle, un gouverneur de Moscou et un amant de la future Catherine II –, Daria Saltykova est apparentée à de nombreuses figures de l'aristocratie russe.

Elle ne doit pas être confondue avec sa contemporaine, Daria Petrovna Saltykova née Tchernycheva (1739-1802), célèbre par sa culture, demoiselle d'honneur à la cour de Catherine II, puis épouse d'un gouverneur de Moscou. Son portrait par le peintre français François-Hubert Drouais est souvent reproduit comme portrait de jeunesse de la meurtrière. C'est une erreur, il n'existe pas de portrait d'époque de la Saltytchikha.

De la jeunesse de la meurtrière, peu de choses sont connues. Rien n'annonce *a priori* sa future frénésie assassine. Il est vrai qu'au XVIIIe siècle, une enquête et un procès tentent d'établir des faits et non de dresser le portrait psychologique de l'assassin. Les juges ne se penchent pas sur l'enfance des meurtriers.

Elle est décrite comme mélancolique, peu cultivée et pieuse. Elle donne beaucoup à l'Église, apparaît comme philanthrope et se rend à des pèlerinages parfois lointains, comme au monastère de Petchersk à Kiev.

Du capitaine de régiment de cavalerie Gleb Alexeïevitch Saltykov, qu'elle épouse à la sortie de l'adolescence, elle a deux fils qui deviendront des militaires. Le plus jeune meurt précocement en 1775, à 24 ans. Elle se retrouve veuve en 1755, à 26 ans. Commence alors l'histoire proprement dite de la Saltytchikha.

Les premiers crimes d'une riche héritière

À la mort de son mari, Daria Saltykova hérite de biens considérables : une demeure à Moscou, des domaines dans les provinces de Vologda et de Kostroma, dans le nord de la Russie, et la propriété de Troïtskoïe, près de Moscou, où se déroulera une bonne partie des crimes. Elle hérite aussi de six cents serfs, six cents « âmes » selon le langage de l'époque, sur lesquels elle a tout pouvoir. La multiplicité de ses propriétés lui permet de dérober ses crimes à qui serait trop curieux : il suffit de dire que le serf disparu a été transféré dans une autre propriété, lorsqu'il ou elle n'a pas pris simplement la fuite. Les corps de ses victimes moscovites sont ainsi souvent transportés au village de Troïtskoïe pour inhumation, où ils attirent moins l'attention qu'à Moscou.

Daria Saltykova profite des prérogatives que lui donne l'institution du servage. Certes, celle-ci n'autorise pas l'assassinat, mais les droits du propriétaire sont considérables.

Terriens, c'est-à-dire attachés à une parcelle de terre, ou domestiques, attachés alors à la personne de leur maître, les serfs peuvent être vendus, loués, gagés, donnés en succession. Le roman *Les Âmes morte*s de Gogol montre le commerce des serfs. La vente sans terre de serfs se développe au XVIIIe siècle : le serf est donc aussi un capital. Le maître doit gérer les conflits domestiques, sauf pour les crimes de sang. Il peut faire rechercher les serfs en fuite. Le propriétaire peut avoir ses propres cachots. Si des abus sont régulièrement dénoncés et des crimes commis sans que, sauf exception, le propriétaire soit puni, aucun excès cependant n'atteint ceux de la Saltytchikha.

Les maltraitances et les meurtres commencent quelques mois après la mort de son mari et s'aggravent dès 1757. Maltraitances, car si le nombre de meurtres est à peu près connu, le nombre de personnes maltraitées avec ou sans séquelles ne l'est pas. Ainsi, dès la fin de 1756, une femme de chambre, qui était déjà au service de son mari, reçoit systématiquement des coups de sa maîtresse. Une servante, nommée Shewaskova, est sévèrement battue, ses bras et ses jambes brisés. Elle survit handicapée, exilée dans un domaine lointain.

L'un des premiers crimes, en décembre 1757, concerne une serve enceinte, Anisya Grigorieva. Battue violemment, elle fait une fausse couche et décède. Devant l'état du corps, le pope refuse l'inhumation sans autorisation officielle. Le médecin de la police constate des traces de coups et de blessures sur le corps, mais son rapport reste sans effet, tout comme la plainte du mari de la victime, première dénonciation auprès des autorités des agissements de la Comtesse malfaisante. Cette absence de suites données à des constatations de violence pourtant évidentes grise la criminelle. Elle ne doute plus de son impunité, due à son rang et à un système élaboré de corruption.

La frénésie criminelle

En moins de six années, la Saltytchikha va se rendre coupable de 138 meurtres, soit un peu plus de deux par mois. Peu de meurtriers privés ont atteint ce ratio ! Les prétextes de ces mauvais traitements présentés comme punitions sont des erreurs dans le service, un objet cassé, le nettoyage du sol ou des vitres imparfait… On reste pantois quant à la disproportion entre le prétexte et la sanction !

Les sévices frappent quasi exclusivement des femmes, des jeunes filles et parfois des fillettes d'une douzaine d'années. Sur le total des victimes, trois seulement sont des hommes.

Daria Saltykova est d'une jalousie maladive. La façon dont se termine l'unique aventure amoureuse qu'on lui connaisse est significative. Après la mort de son mari, elle a en 1760 une liaison avec un jeune capitaine, arpenteur-géomètre, Nicolaï Tioutchev, chargé d'établir les limites des terres de la comtesse. Mais celui-ci se fiance et épouse une autre femme. Délaissée, elle décide de le tuer avec sa fiancée. Elle demande à ses serfs de mettre le feu à la demeure de Tioutchev, ce qu'ils refusent, puis elle organise en 1762 un guet-apens sur la route que doit prendre le capitaine pour se rendre à Tambov. Prévenu à temps anonymement, il obtient une escorte et s'en sort sain et sauf. On voit jusqu'où peuvent aller les velléités de vengeance de la Saltytchikha. Si l'affaire Tioutchev, examinée dans le procès, est révélatrice, il ne faut pas oublier que la comtesse avait déjà torturé de nombreuses femmes avant sa déconvenue amoureuse. Sa jalousie contre des femmes plus jeunes ne date pas de cette aventure, et sa volonté de torturer ou de voir torturer de jeunes femmes révèle un penchant sadique et vraisemblablement homosexuel inavoué.

La liste des sévices et la durée de leur application sont éloquentes. Coups de knout et de fouet, bastonnade, la Saltytchikha, vigoureuse, n'hésite pas à frapper elle-même ses serves avec des bûches et des gourdins, elle cogne aussi la tête de la servante fautive contre les murs jusqu'à perte de connaissance, elle utilise des pinces chauffées à blanc, de l'eau bouillante, arrache les cheveux… Elle peut aussi laisser sa victime nue dans le froid et la neige une nuit entière… Il ne s'agit pas de simples coups de colère, mais d'une cruauté froide, d'une volonté réfléchie de détruire. Le régime de terreur était constant, dans sa propriété de Troïtskoïe aussi bien que dans sa demeure de Moscou.

Parmi ses victimes figurent les trois femmes successives du palefrenier Iermolaï Ilyin qui sera à l'origine de l'enquête finale. La première épouse du palefrenier, Katerina Semonova, chargée de l'entretien des sols, meurt en 1759 après avoir été fouettée. La deuxième, Fedosya Artamonova, qui travaille dans la maison moscovite de Daria Saltykova, provoque son mécontentement et est gravement fouettée au printemps 1761. Les traces de violences sont si évidentes que le pope n'ose pas l'enterrer sans avis de la police. Daria Saltykova fait transférer le corps à Troïtskoïe où le pope local l'enterre sans autre forme de procès. Quant à la troisième, Aksinya Yakovleva, elle est en février 1762 attaquée par sa maîtresse, sans raison apparente d'après les témoins. La Saltytchikha la frappe à coups de poing, puis avec un rouleau à pâtisserie et enfin avec une bûche ! La pauvre servante ne reprendra pas conscience. Son visage et ses mains portent des ecchymoses noirâtres et le sang coule du nez et des oreilles.

Daria Saltykova est également responsable de la mort d'une fillette de 12 ans, suite à des coups prolongés. La torture par la faim est aussi à son programme :

ainsi, deux filles de service dont seuls les prénoms sont connus, Afimya et Irina, meurent à Troïtskoïe, battues et affamées.

La dernière victime est Fekla Gerasimova, qui meurt en juillet 1762 à Troïtskoïe, au moment même où l'ouverture d'une enquête contre la propriétaire se décidait à Saint-Pétersbourg. Cette dernière victime a le dos couvert d'ecchymoses, les cheveux arrachés et une fracture du crâne. Le corps est porté à Moscou, vu par la police, mais rien n'est fait.

Dans la longue liste de ses victimes ne figurent que trois hommes, dont un est mort par accident. Elle ne s'est acharnée en fait que sur un jeune serviteur du nom d'Andreev, torturé à mort en novembre 1759. Pour avoir mal lavé un plancher, il est condamné au fouet. Ne pouvant plus se tenir debout tant les coups sont nombreux, il est abandonné toute une nuit dans la cour, dans la neige. Le lendemain, il reçoit des coups de bâton, puis la Saltytchikha lui brûle les oreilles avec un fer à friser et verse une bouilloire d'eau bouillante sur sa tête.

Des bruits courent sur l'anthropophagie supposée de la comtesse : elle se régalerait des seins des jeunes serves. L'enquête ne confirmera pas cette rumeur, qui appartient déjà à la légende de la Saltytchikha.

La plainte

Plusieurs plaintes contre les agissements de la propriétaire sont déposées au cours de ces années d'effroi, vingt et une exactement. Mais la plainte d'un serf contre son maître ou sa maîtresse peut se retourner contre lui : reconduit chez son propriétaire, le serf peut être vigoureusement puni. Il peut aussi être condamné à l'exil en Sibérie, pour dénonciation calomnieuse. Les chances de réussite contre l'une des plus riches propriétaires de la région de Moscou, liée aux plus grandes familles de l'Empire, sont infimes. Au printemps 1762, une tentative collective de cinq serfs pour informer les autorités moscovites des atrocités se déroulant dans les domaines de Daria Saltykova échoue. Les plaignants sont envoyés en Sibérie.

La tentative suivante réussit. Elle est le fait de deux serfs de la comtesse, Iermolaï Ilyin, dont elle vient de tuer la troisième femme, et un paysan, Martynov. Conscients qu'il n'y a rien à attendre de la police de Moscou, ils décident de se rendre à la capitale, Saint-Pétersbourg. Ils quittent Moscou à la fin avril. Ils risquent gros car ils pourraient être arrêtés et condamnés comme serfs en fuite. Ils arrivent toutefois à la capitale et réussissent, en juin, à faire parvenir à l'impératrice Catherine II un placet dans lequel ils exposent les crimes de Daria Saltykova et demandent pour les serfs du domaine « protection contre des traitements inhumains ».

D'une certaine manière, Ilyin et Martynov jouent de chance. Catherine II, férue des Lumières, souhaite montrer au début de son règne qu'elle est à l'écoute du peuple. Elle entend également démontrer que les nobles ne sont pas au-dessus des lois. S'ouvre ainsi la possibilité d'une enquête sur les crimes de Daria Saltykova.

L'enquête de Stepan Volkov

Le bureau de l'impératrice transmet le placet au Sénat qui décide de donner suite et charge le Collège de justice de Moscou de l'enquête. Que cette demande émane de Saint-Pétersbourg, auquel le Collège de justice doit donc rendre des comptes, confère aux enquêteurs une autonomie par rapport aux autorités moscovites qui sinon auraient entravé leur travail. Les membres du Collège de justice les plus éminents refusent de se charger de ce dossier épineux, qui échoit à un conseiller du tribunal sans lien avec la noblesse locale, Stepan Volkov. Ce dernier va se montrer compétent et efficace. Il est aidé par un jeune conseiller judiciaire, le prince Dmitri Tsitsianov.

L'enquête commence à l'automne 1762. L'examen des livres de comptes permet de suivre les mouvements de serfs d'un domaine à l'autre, leur vente éventuelle, et de constater les disparitions ou décès. L'interrogatoire des serfs ne donne que peu de résultats dans un premier temps : ils craignent que l'enquête tourne court et que leur maîtresse ne se venge ensuite. Volkov se rend compte très vite que le pourcentage de femmes décédées dans les domaines est très nettement supérieur à celui des hommes, sans explication logique. Certaines morts semblent très vite suspectes, telle celle d'une jeune domestique de 20 ans, en bonne santé, morte quelques semaines seulement après son entrée au service de la Saltytchikha.

Convaincu des tentatives d'obstruction de la propriétaire, le Collège de justice demande un an plus tard des mesures sévères : son arrestation et, effectif dès janvier 1764, le retrait de la gestion de ses biens, confiée à un sénateur. La corruption n'est plus à craindre. Volkov et son assistant perquisitionnent la demeure de Moscou, rue Sretenka, et le domaine de Troïtskoïe en juin 1764. À Moscou, la saisie d'un document confirme l'identité des personnes que Daria Saltykova « arrosait » : le chef de la chancellerie de police, le procureur du département des enquêtes, un conseiller d'État, deux conseillers judiciaires… Ils auditionnent l'ensemble des serfs dont les langues commencent à se délier. Près de trois cents témoignages sont collectés à Troïtskoïe et dans les villages environnants.

Quant à la Saltytchikha, elle nie en bloc. Il ne s'agit pour elle que de punitions légères infligées à du menu fretin.

Un prêtre qui passe un mois avec elle pour obtenir des aveux et un repentir sincère avoue son échec. Le 4 mars 1764, elle est menée à l'hôtel de police comme si elle allait être torturée. En fait, elle assiste à la torture infligée à un voleur. Elle reste inébranlable. La torture, à laquelle Catherine II est personnellement opposée, ne lui sera pas appliquée.

L'enquête est achevée au printemps 1765 et le dossier transmis au Sénat, à Saint-Pétersbourg. Les deux enquêteurs identifient 138 cas suspects ainsi répartis : 50 décès après maladies ou maltraitance, 72 disparitions, 16 personnes considérées en fuite. Sur ce total, 38 cas avérés de violences ayant entraîné la mort, avec des témoignages sûrs, sont retenus pour le procès.

Le châtiment

Au vu des preuves recueillies par l'enquête, un verdict retenant la culpabilité est inévitable, quelles que puissent être les pressions en faveur d'une riche propriétaire. Après trois années de tergiversations, Daria Saltykova est reconnue coupable du meurtre de 38 personnes. Les sénateurs ne prononcent point de verdict, s'en remettant sur ce point à Catherine II. Par oukase impérial du 12 juin 1768, la coupable est privée de tous ses biens. Ils seront restitués plus tard à ses fils. La peine est fixée par le décret du 2 octobre de la même année. Qualifiée de « veuve inhumaine », de « monstre du genre humain », elle est privée de son titre de noblesse, condamnée à être exposée publiquement une heure sur la place Rouge, puis à être emprisonnée à vie. La sentence est exécutée le 17 octobre 1768. Le pope de Troïtskoïe, qui enterrait un peu trop vite les victimes, et deux serviteurs qui prêtaient main-forte à la criminelle, sont envoyés aux travaux forcés en Sibérie.

Après avoir été exposée sur la place Rouge, Daria Saltykova est emmenée au monastère moscovite d'Ivanosky, dit de Saint-Jean-le-Précurseur. Elle est enfermée dans une cellule souterraine sans lumière, d'une hauteur de 2,10 mètres. Elle est coupée du monde, sans visite ni correspondance. Elle n'en sort que lors des grandes fêtes liturgiques, pour assister à la messe à travers une fenêtre percée dans la muraille de l'église.

Au bout de onze années, en 1779, elle est transférée dans une cellule comportant une fenêtre. Venir voir le monstre devient une distraction moscovite. À demi-démente, elle crache sur les visiteurs, les menace et les injurie. Elle aurait eu un enfant avec un garde de sa prison, mais le fait reste incertain. Elle meurt le 27 novembre 1801. Elle est enterrée au cimetière du monastère Donskoï où sa tombe existe toujours.

Dès sa condamnation, la Saltytchikha devient une figure de la culture populaire russe, une sorte de croque-mitaine.

Des estampes la représentent fouettant des servantes ou assistant avec plaisir à leur supplice. Une série télévisée lui a été consacrée récemment en Russie, témoignage de la persistance de son souvenir.

Quant à l'écrivain russe contemporain Boris Akounine, il a publié une nouvelle, *D'abord les lèvres, puis les dents*, où il fait dire au spectre de la Saltytchikha : « Je les aurais bien toutes déchiquetées, ces larves à poil filasse, plongées dans l'eau bouillante, brûlées au fer à repasser : mais comment exterminer pareille multitude ? »

LA GRANDE IMPÉRATRICE DOUAIRIÈRE

Par Nicolas Mietton

Tseu-Hi
(1835-1908)

Yehonala, future « Grande Impératrice douairière » Tseu-Hi (ou Cixi), naît officiellement le 29 novembre 1835, dans le clan des Yehe Nara, des petits fonctionnaires mandchous qui appartiennent à la division administrative de la « Bannière bleue bordée », la dernière des « Bannières inférieures ». D'autres sources laissent cependant entendre qu'elle serait, en réalité, la fille de pauvres paysans du Shanxi. Toutefois, si on connaît mal ses premières années, une chose est certaine : elle est jolie, vive et intelligente.

« Concubine précieuse »

Remarquée, l'adolescente entre donc à 15 ans dans le harem impérial. Comme le rappelle sa biographe Danielle Elisseeff, « elle monte alors en grade d'une manière très administrative », conformément à la coutume. En 1854, Yehonala intègre ainsi l'échelon supérieur des titres du harem en devenant une Yi *pin,* c'est-à-dire une « Yi, employée excellente ». Elle réussit ensuite à retenir l'attention de l'empereur Hien Fong et, en 1856, donne naissance à un fils. Pour la récompenser, le souverain la fait « concubine impériale Yi », puis, l'année suivante, « concubine précieuse » (Yi *guifei*). Au fur et à mesure de son ascension, la jeune fille acquiert une vaste culture, supérieure à celle des autres concubines. On loue notamment ses talents de peintre et de calligraphe.

Tandis que Yehonala déchiffre les arcanes du palais, s'efforçant de cacher son ambition dévorante, l'Empire vacille. En effet, à l'extérieur des murailles pourpres de la Cité interdite, la tempête fait rage. D'autant plus violente que la crise a couvé pendant un demi-siècle. Le malaise n'a cessé de grandir depuis la fin du règne du glorieux Quianlong (1736-1796). Ses campagnes militaires et les folles dépenses de la cour ont vidé le trésor. Une hémorragie encore aggravée par le trafic de l'opium. Dans les campagnes, l'explosion démographique entraîne le défrichement et l'érosion des sols. Par l'incurie de fonctionnaires corrompus, les digues cessent d'être entretenues. Le résultat est prévisible, lorsque des calamités naturelles s'abattent sur le pays. Le déplacement du delta du fleuve Jaune cause ainsi des millions de victimes. Le mécontentement des Chinois contre la dynastie mandchoue se traduit par la réapparition des sociétés secrètes et des soulèvements dans les provinces, dont le plus grave est celui des Taiping. En quinze ans, cette révolte fait environ vingt millions de morts.

Les successeurs de Quianlong peinent à remédier à la situation. Maniaque de l'étiquette, Jia Qing (1796-1820) mécontente les courtisans en procédant à des économies et échappe de peu à un attentat. Plein de bonne volonté, Tao Guang (1820-1850) a plus de relief. S'attaquant à la contrebande d'opium, il envoie à Canton l'intègre mandarin Lin Zexu. Ce dernier brûle vingt mille caisses de drogue. La riposte britannique est foudroyante et les canonnières anglaises forcent les ports. Le gouvernement impérial disgracie Lin Zexu et signe les premiers « traités inégaux » qui, reconduits et étendus pendant un siècle, feront de la Chine un pays semi-colonisé. Tao Guang meurt neuf ans après la première guerre de l'opium, ayant perdu la face.

Déjà aux prises avec l'épouvantable révolte Taiping, Hien Fong réitère les erreurs de son père, provoquant les « diables étrangers ». Mal lui en prend, car les Britanniques et les Français déclenchent la seconde guerre de l'opium. Bientôt, un corps expéditionnaire menace Pékin, que doivent fuir Hien Fong et sa cour. Le 18 octobre 1860, les troupes franco-britanniques emportent la capitale et incendient le Palais d'été, le célèbre *Yuanmingyuan*. L'événement stupéfie les Chinois et provoque des réactions contradictoires en Occident. Dans une lettre fameuse, Victor Hugo dénonce le pillage du palais, ce « vol » et les « deux voleurs ». Déprimé,

Hien Fong se livre à la débauche. Sa santé décline et il meurt le 22 août 1861, en présence de huit hauts dignitaires. Sa succession pose problème, car l'impératrice en titre ne lui a pas donné d'héritier mâle. Les huit dignitaires proclament donc empereur Tong Zi, le fils de Yehonala, dont la carrière politique commence. Cependant, la voie qui s'ouvre à elle se révèle immédiatement pavée d'embûches.

« Impératrice d'Occident »

Un subtil et périlleux montage politique est en effet mis en place : l'impératrice conserve son titre, mais ne décidera rien sans le consentement de Yehonala, elle-même surveillée par les huit régents. Pour s'imposer à ces encombrants tuteurs, les deux femmes affichent leur entente et prennent chacune le titre d'impératrice douairière *(huang taihou).* Yehonala adopte alors le nom de Tseu-Hi – impératrice d'Occident –, sa collègue celui de Tseu Nen – impératrice d'Orient. Pour s'affranchir de la tutelle du Conseil, elles s'appuient sur le prince Gong, un talentueux demi-frère du défunt empereur, et sur l'armée. Les régents ayant machiné un coup d'État, les impératrices ordonnent leur arrestation. Le plus dangereux est décapité, deux autres sont condamnés au suicide, tandis que les cinq derniers sont disgraciés.

Les deux impératrices proclament leur volonté de réformer l'État. La conjoncture leur est favorable, puisque l'interminable révolte Taiping est définitivement matée. Chinois et étrangers, tous font bloc derrière la dynastie fragilisée. Comme le note Danielle Elisseeff, « personne ne l'aime, mais elle demeure le seul ciment dans un empire au bord de l'éclatement ». Cependant, le prince Gong acquiert trop de puissance, il faut donc de le neutraliser. Comme les réformateurs le soutiennent, Tseu-Hi décide de rallier le clan conservateur. Désormais gardienne des traditions, elle humilie le prince Gong en le faisant reculer dans l'ordre protocolaire, en 1865 ; mais il demeure un ministre influent et se venge quatre ans plus tard, en faisant décapiter l'eunuque favori de la régente, le très corrompu An Dehaï.

Malgré ces intrigues, le règne de Tong Zi est réparateur pour l'Empire, qui se modernise. Le commerce se développe rapidement. En 1873, le souverain devient majeur et se marie à une jeune fille d'excellente famille, jolie et cultivée. Celle-ci déplaît néanmoins vite à Tseu-Hi, qui, jalouse, voit en elle une rivale. Bien que son fils aime sa petite épouse, elle exige la séparation du couple. Comme son père avant lui, le jeune empereur sombre alors dans la dépression et la débauche. Accompagné d'eunuques, peut-être secrètement encouragé par sa mère qui souhaite l'écarter des affaires, il se met à fréquenter les maisons closes, où il contracte une maladie vénérienne qui se révèle fatale. Tong Zi meurt, officiellement de la variole, le 12 janvier 1875.

Régente

Sans coup férir, Tseu-Hi se reproclame régente et choisit le nouvel empereur : au mépris des règles de succession, elle désigne Zaitan, fils aîné du prince Tchoun, un demi-frère de feu Hien Fong, qui a épousé la sœur cadette de Tseu-Hi. L'enfant, âgé de 4 ans, est donc le neveu de Tseu-Hi et doublement le cousin de Tong Zi. Il prend le nom impérial de Kouang Siu (« Succession glorieuse »).

Rancunière, Tseu-Hi règle ses comptes, en condamnant au suicide la veuve de son fils. Son triomphe est néanmoins terni par une autre mort illustre, celle de Wu Kedu. En 1879, ce lettré renommé, effarouché par le coup d'État de la régente, se donne la mort sur la tombe de Tong Zi, laissant derrière lui une lettre expliquant son acte. Sa disparition fait du bruit à la cour et Tseu-Hi doit lui accorder une promotion posthume, afin de paraître magnanime et sensible aux remontrances.

Le 7 avril 1881, une nouvelle émotion secoue la Cité interdite, quand une attaque d'apoplexie emporte l'impératrice Tseu Nen, discrète collègue de l'impératrice. Cette femme effacée était pourtant relativement jeune et l'on murmure que Tseu-Hi, envieuse, l'aurait fait empoisonner…

À 50 ans, Tseu-Hi se retrouve seule détentrice du pouvoir et, une fois de plus, arbitre du lancinant conflit entre réformateurs et conservateurs. En 1885, après deux ans de guerre contre les Français, Pékin renonce à son protectorat sur le Tonkin. La régente et les réactionnaires attribuent cet échec au prince Gong. Ce vieil ennemi de l'impératrice, démis de toutes ses charges, est remplacé dans ses fonctions par le prince Tchoun, son demi-frère, à la fois père de l'empereur et beau-frère de Tseu-Hi. Faut-il y voir une victoire éclatante du clan rétrograde ? Ce n'est pas certain, car l'impératrice adjoint subtilement au prince Tchoun un mandarin de grande valeur, Li Hongzhang. Ce haut fonctionnaire, patriote fervent et partisan de la régente, est également bien vu des Occidentaux et des réformateurs.

Se plaçant au-dessus des partis, Tseu-Hi jouit de son omnipotence. Son grand eunuque, l'intrigant Li Lianying, la sert avec zèle, tout en accumulant les pots-de-vin. Une corruption éhontée se développe ainsi à la cour, sous l'œil indifférent de la régente, qui y trouve son compte. Elle entend mener, en effet, une vie inimitable et ordonne la restauration du *Qingyiyuan*, une résidence de Quianlong, à une vingtaine de kilomètres de la Cité interdite. L'endroit, endommagé par les troupes franco-britanniques en 1860, est destiné à lui servir de palais d'été. Rien n'est trop beau pour l'impératrice douairière, qui engloutit des sommes folles dans l'entreprise, de 1886 à 1891. L'édification d'un bateau de marbre blanc, sur le lac intérieur, est même financée par le détournement de fonds destinés à la Marine.

Le gouvernement passe outre et s'occupe d'organiser le prochain jubilé de l'impératrice douairière. Or, une catastrophe gâche les soixante ans de la souveraine, avec la déclaration de guerre de Tokyo, le 1er août 1894. Les Japonais coulent la flotte chinoise, envahissant la Corée et la Mandchourie. Les revers se succèdent et, la mort dans l'âme, Li Hongzhang doit signer le traité de Shimonoseki, le 17 avril 1895. C'est une humiliation sans précédent pour l'empire du Milieu, qui cède au Japon Taïwan et les îles Pescadores. Pire, Pékin renonce à son protectorat ancestral sur la Corée et paie une lourde indemnité. Jusqu'alors, la dynastie Qing avait capitulé devant le péril blanc, russe, britannique ou français. Maintenant, elle s'agenouille devant les « nains jaunes japonais ».

La guerre sino-japonaise a un énorme retentissement. Le désastre est imputé à Tseu-Hi, qui doit se montrer plus discrète et s'éloigner dans son palais d'été. Pour obtenir un changement de cap, les réformateurs assiègent l'empereur Kouang Siu. À 25 ans passés, ce dernier est las de subir la tutelle de son auguste tante. Bègue et boiteux, il déteste son épouse Xiaoding, nièce de Tseu-Hi, qui l'espionne pour le compte de celle-ci. Le pauvre homme lui préfère la concubine Perle, à la grande irritation de l'impératrice douairière. Influencé par son précepteur Weng Tonghe, l'empereur saute le pas. Le 14 juin 1898, trois jours après un premier édit réformateur, il convoque au palais deux hommes politiques célèbres : Zhang Yuanji et Kan Youwei. Ce dernier est la tête pensante du mouvement réformateur, imbu, de plus, d'idées radicales. S'inspirant du modèle japonais, il expose ses théories à Kouang Siu, enthousiaste.

Ulcérés par ce coup d'État réformateur, qu'on dit inspiré par Tokyo, les conservateurs se plaignent à Tseu-Hi, la menaçant en termes voilés de retirer leur allégeance à la dynastie. L'impératrice douairière qui, jusque-là, s'est prudemment tenue hors de la mêlée, n'a plus le choix. Le 21 septembre 1898, elle regagne la Cité interdite. Avec l'appui de l'armée – elle sait pouvoir compter sur son vieil ami le général Rong Lu et sur l'ambitieux Yuan Shikai –, Tseu-Hi reprend donc la régence et ordonne l'arrestation des chefs réformateurs. Kan Youwei s'enfuit au Japon, où il se répand en libelles contre l'impératrice, mais six de ses camarades sont exécutés. Privé de ses pouvoirs, l'empereur est interné sur un îlot d'un lac du palais. Les cent jours des réformes, qui auraient pu sauver l'Empire, finissent ainsi en tragédie.

Le chaos au sommet de l'État trouble l'opinion publique et favorise l'apparition d'une société secrète, celle des Boxers. Ces « Poings de justice » rejettent à la fois la dynastie décadente et les Occidentaux. Leur secte, fanatisée par les récentes catastrophes, se montre particulièrement hostile aux prêtres étrangers. De mois en mois, le mouvement se développe en Chine du nord et gagne des sympathies auprès des réactionnaires de la cour, au premier rang desquels le prince Touan. Un climat de terreur se développe autour de Pékin. Les autorités semblent débordées et les puissances s'émeuvent.

Le 10 juin 1900, avec la complicité du prince Touan, les Boxers pénètrent dans la capitale. Le 11, un secrétaire de la légation japonaise est assassiné. Le 17, l'amiral Seymour s'assure du contrôle du port de Tien-Tsin. Le 19, à la surprise générale, l'impératrice intime l'ordre aux étrangers de quitter Pékin dans les vingt-quatre heures. Passé ce délai, les troupes impériales ne pourront les protéger. Le lendemain, c'est le drame avec l'assassinat du baron von Ketteler, ministre d'Allemagne. Ainsi commencent les « cinquante-cinq jours de Pékin », qui inspireront un film célèbre. Quelque cinq cents Occidentaux, quatre cents gardes chinois et plusieurs milliers de serviteurs et de chrétiens se barricadent dans les concessions. Le 21 juin, persuadée que les étrangers veulent la déposer, Tseu-Hi perd la tête et déclare la guerre aux puissances. Le 14 juillet, les troupes étrangères se mettent en marche depuis Tsien-Tsin, sous le commandement du général von Waldersee. Le 14 août, elles atteignent Pékin : le siège des légations est levé.

Dans la Cité interdite, l'affolement règne. Troquant ses somptueux vêtements contre ceux d'une simple paysanne, ses longs cache-ongles d'or et de jade ôtés, Tseu-Hi ordonne le départ de la cour. Au moment où elle s'apprête à monter en palanquin, l'empereur et la concubine Perle se jettent à ses pieds, lui demandant de rester au palais, afin de négocier avec les étrangers. « Tu viens avec moi », répond, exaspérée, l'impératrice, qui ne veut surtout pas laisser son neveu décider sans elle. Comme Perle insiste, rappelant ce que cette fuite a de déshonorant, la douairière explose et ordonne à Li Lianying de la débarrasser de la jeune fille. Malgré les supplications de Kouang Siu, que l'on entraîne, le grand eunuque s'empare de la concubine. Perle a le temps de jeter à l'empereur : « Adieu, nous nous reverrons dans un monde meilleur », avant que Li Lianying la précipite dans un puits. Impatiente, Tseu-Hi donne le signal du départ. La cour quitte le palais, au moment même où les troupes étrangères y pénètrent. Bientôt, les « marsouins » français se vautrent dans le lit de l'empereur, comme le racontera Pierre Loti.

Tandis que Tseu-Hi fuit à Xian, l'antique capitale médiévale, où elle arrive le 26 octobre, l'indispensable Li Hongzhang et le général Rong Lu doivent signer le terrible « protocole des Boxers ». Les puissances absolvent l'impératrice et la dynastie, mais exigent l'exécution de dix responsables de haut rang, impliqués dans l'assassinat d'étrangers, et le paiement d'une amende colossale. Elles mettent en outre la main sur les voies ferrées et réseaux télégraphiques de la région de Pékin. Sans vergogne, les Russes occupent la Mandchourie, à la grande fureur des Japonais.

Pendant plus d'un an, Tseu-Hi ronge son frein, avant de recevoir la permission des puissances de regagner Pékin. Elle y arrive, en chemin de fer – une révolution ! – le 7 janvier 1902, saluant, souriante, de son mouchoir, le corps diplomatique venu l'attendre. Puisque l'heure est au changement et qu'elle ne peut plus faire autrement, l'impératrice douairière reprend à son compte le programme des réformateurs de 1898. Les examens mandarinaux, obsolètes, sont supprimés, tout comme la partition ethnique entre Chinois et Mandchous. Ce faisant, Tseu-Hi mécontente les conservateurs et ne satisfait pas ceux qui voudraient aller plus loin et plus vite, vers une monarchie constitutionnelle. Pire, beaucoup, en Chine du sud, vouent aux gémonies la dynastie étrangère et regardent vers le docteur Sun Yat-sen, un républicain, bête noire de l'impératrice douairière. La guerre russo-japonaise de 1904-1905 n'arrange rien, la Chine contemplant, impuissante, la lutte que se livrent en Mandchourie, berceau de la dynastie, Saint-Pétersbourg et Tokyo.

Pour l'heure, l'impératrice douairière change. Comprenant qu'il lui faut séduire, elle se montre aux étrangers dans toute sa gloire. Le visage fardé, couverte de pierres précieuses, des pivoines de perles dans les cheveux, elle reçoit les diplomates ainsi que leurs épouses. Souriante, pleine d'humour, tendant la main et embrassant sur les deux joues à l'occasion, elle offre le thé. Curieuse des choses de l'étranger, elle prend à son service les deux filles de son ambassadeur en France. Élevées à l'occidentale, les demoiselles lui sont extrêmement utiles. L'une d'elles, Der Ling, a laissé d'intéressants Mémoires sur la vie à la Cité interdite. Une peintre américaine, Katherine Carl, obtient aussi de faire son portrait. Enfin, Tseu-Hi se passionne pour la photographie. Ce qui donne de nombreux clichés, popularisés en Occident : Tseu-Hi sur son trône, Tseu-Hi en palanquin, Tseu-Hi et ses dames d'honneur, Tseu-Hi jouant la comédie avec ses eunuques… Peut-être la plus belle photographie est-elle celle prise le 29 novembre 1905, pour son anniversaire. Les premières neiges sont tombées le jour même. C'est un événement : accompagnée d'une dame d'honneur et d'un eunuque, enveloppée dans un riche manteau, l'impératrice douairière pose, tenant, au bout de ses longs ongles, une fleur d'un arbre du parc enneigé…

La vieille dame continue de jeter du lest. À l'automne 1906, le gouvernement réfléchit à la mise en place d'assemblées représentatives. En août 1908, la souveraine valide un programme devant conduire à l'instauration d'une monarchie constitutionnelle… prévue pour 1917 ! Neuf ans jugés indispensables à la formation des représentants de la nation. C'est à cette époque que la cour reçoit en grande pompe le dalaï-lama, venu réaffirmer l'allégeance du Tibet : un succès diplomatique pour le gouvernement chinois, heureux de contrecarrer les ambitions britanniques dans la région.

« Grande Impératrice douairière »

La bonne santé de Tseu-Hi contraste avec l'affaiblissement de Kouang Siu. Malade, le pauvre empereur espère, malgré tout, la mort prochaine de sa mère adoptive, de son côté parfaitement lucide sur leur haine commune. Reste à savoir qui partira le premier. Dans les premiers jours de novembre, après un copieux déjeuner de pommes à la crème, Tseu-Hi a une syncope. On la réanime, mais elle comprend qu'elle est victime de la dysenterie, un mal qui ne pardonne pas à son âge. Dans le même temps, l'état de Kouang Siu s'aggrave. Sa tante proclame que son successeur sera son neveu Pu Yi, âgé de 3 ans. Kouang Siu, à qui l'on rapporte la nouvelle, murmure : « N'aurait-il pas mieux valu, compte tenu de la situation, un adulte ? Enfin, n'importe, l'impératrice douairière sait mieux que nous ce qu'il convient de faire. » Selon certaines sources, il aurait éclaté en sanglots, en voyant l'enfant, amené d'urgence dans la Cité interdite.

Le 14 novembre 1908, le pauvre empereur s'éteint. Son épouse, qui ne l'a jamais aimé, devient impératrice douairière, tandis que Tseu-Hi se pare du titre de « Grande Impératrice douairière ». Veuve, Xiaoding se verrait bien régente, mais sa tante, agonisante, désigne le prince Tchoun, père de Pu Yi, pour exercer le pouvoir. Dans son agonie, Tseu-Hi aurait murmuré : « Ne laissez plus jamais une femme gouverner la Chine. » Elle meurt le 15 novembre et la coïncidence de sa disparition avec celle de Kouang Siu fait jaser. N'aurait-elle pas fait empoisonner le malheureux ?

Les funérailles de celui-ci ont lieu en catimini, au contraire des obsèques, solennelles, de la tante. La mort de la Grande Impératrice douairière crée un vide au sommet de l'État que le nouveau régent, un réactionnaire, n'arrive pas à combler. Débordé par la révolution d'octobre 1911, il cède la place à Xiaoding, qui signe l'abdication de Pu Yi en février 1912. En échange, les Mandchous obtiennent le droit de demeurer dans la Cité interdite, ainsi qu'une confortable rente.

Cependant, les aventures de Tseu-Hi ne sont pas terminées. En 1928, un seigneur de la guerre du Kuomintang profane les tombeaux des Qing. Les vantaux de pierre sont dynamités, les sarcophages ouverts et les bijoux pillés. La dépouille de l'impératrice douairière est taillée en pièces et jetée à terre. Symbole de l'évolution des choses en Chine, on verra, peu après, une de ses fabuleuses perles orner le soulier de soirée de la très élégante Mme Tchang Kaï-chek.

TORTIONNAIRE PAR HOBBY

Par Pascal Varejka

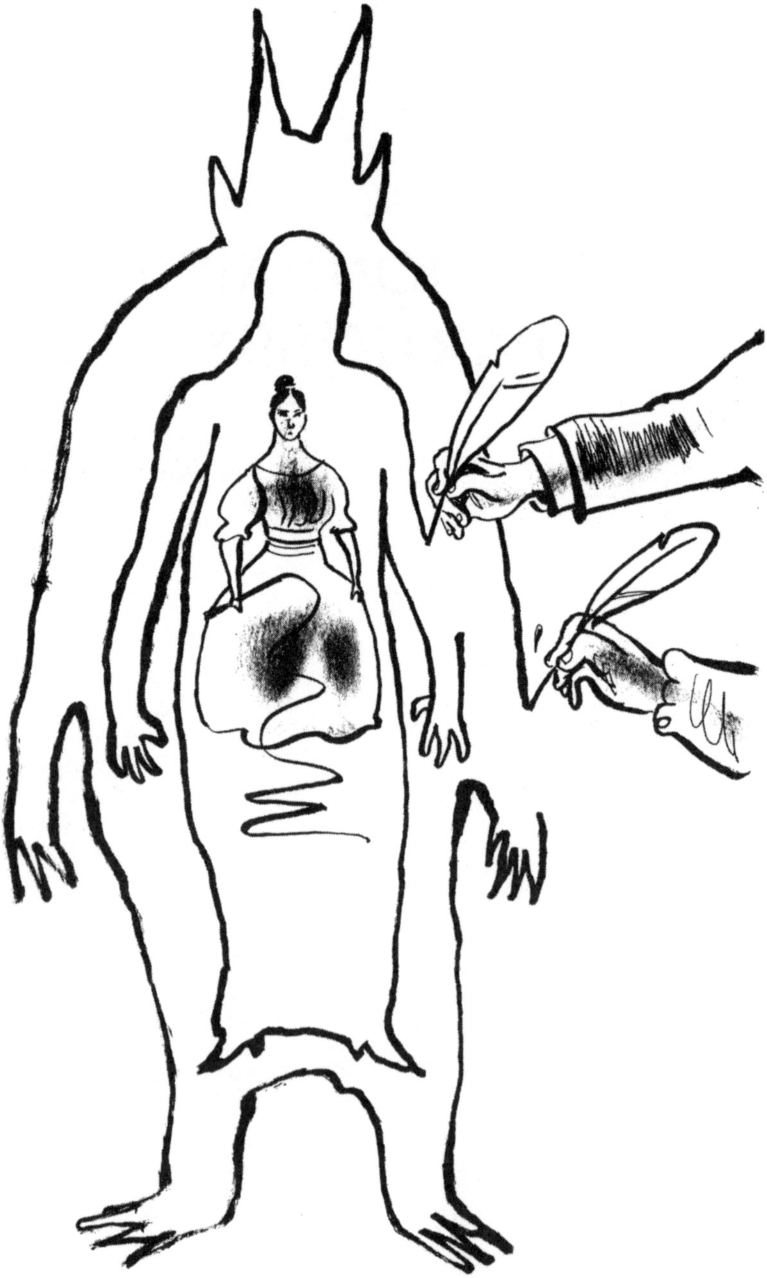

Delphine Lalaurie
(1787-v. 1849)

Restée dans la chronique pour avoir torturé des esclaves, Delphine Lalaurie est un personnage inclassable, une figure sombre de la Louisiane au tournant des XVIIIe et XIXe siècles. Comparée dans la presse de l'époque à Lucrèce Borgia, à Néron, voire à Satan, cette Créole francophone de La Nouvelle-Orléans est en fait terriblement américaine : elle s'inscrit dans le courant de l'étrange et de l'horreur, abondamment diffusé par le roman et le cinéma d'outre-Atlantique.

L'élite créole de la Louisiane

Delphine Lalaurie suscite d'ailleurs plus d'intérêt chez les amateurs d'insolite que chez les historiens. Sa demeure, reconstruite après avoir été en partie ravagée par un incendie et mise à sac, attire les amateurs de paranormal : c'est officiellement l'une des « maisons hantées » du Vieux Carré français de La Nouvelle-Orléans. Par ailleurs, les sources historiques, généalogiques, journalistiques et littéraires la concernant divergent souvent.

Née en mars 1787 à La Nouvelle-Orléans, Marie Delphine de Macarty – elle ne devient « Mme Lalaurie » qu'à la suite de son troisième mariage en 1825 – est d'origine irlandaise : son grand-père, Barthelemy MacCarthy, vient s'installer dans cette ville avec sa famille en 1732 et sert dans l'armée française, puis espagnole. Son père, Louis Barthélemy de Macarty, né en 1751, militaire à son tour, et sa mère, Marie Jeanne Le Rable, veuve Lecomte, née en 1747, appartiennent à l'élite créole de la Louisiane. La fortune de sa mère vient d'une plantation de cannes à sucre. Le nom de son père offre un témoignage éloquent d'assimilation : comportant un prénom royal, Louis, il est francisé et doté d'une particule. Distingué du prestigieux ordre de Saint-Louis en 1750, son père s'attribue même le titre de chevalier. Cela montre l'ambition du capitaine, qui épouse en outre une femme légèrement plus âgée que lui, mais veuve et riche… Il marie ensuite sa fille, qui n'a pas encore 14 ans, à l'un des hommes les plus puissants de la colonie, don Ramón Lopez y Angulo de La Candelaría, alors âgé de plus de 50 ans. Un autre indice atteste la réussite de la famille : un cousin de Delphine, Augustin de Macarty, est maire de La Nouvelle-Orléans de 1815 à 1820.

Quand Delphine de Macarty naît, la Louisiane est espagnole depuis 1763. Elle redevient brièvement française en 1800 avant de devenir américaine en 1803. En effet, Napoléon Bonaparte, alors Premier Consul, tente de reconquérir la partie occidentale de Saint-Domingue

– aujourd'hui Haïti – et cherche à s'assurer la neutralité des États-Unis dans le conflit naval qui oppose la France au Royaume-Uni. Pour ce faire, il leur vend la Louisiane. Delphine de Macarty est ainsi confrontée, au cours de sa vie, à trois langues et à trois administrations différentes. Un seul trait, fondamental, de son univers reste stable : l'esclavage, en vigueur en Louisiane depuis 1713. C'est dans le cadre de cette monstrueuse réalité qu'elle s'épanouit… Elle connaît l'esclavage sous ses deux formes, rurale et urbaine, car elle aurait grandi dans une plantation avant de se marier et de s'installer en ville, dans des demeures comptant une foule d'esclaves. En Louisiane, à cette époque, posséder des esclaves est en effet un moyen d'affirmer sa richesse et son statut social.

Choisi par son père, le premier époux de Delphine de Macarty, Ramón Lopez y Angulo, est, au moment de leur mariage en juin 1800, intendant des revenus royaux des provinces de Louisiane et de Floride occidentale – la seconde recouvrant les États actuels du Mississippi et de l'Alabama –, c'est-à-dire grand argentier des deux colonies espagnoles. Il est nommé consul général d'Espagne à La Nouvelle-Orléans quand la Louisiane redevient française, en octobre 1800. Mais il meurt en 1804, à Cuba, alors que le couple est en route pour l'Espagne. La jeune veuve – Delphine a 18 ans en 1805 – est enceinte et leur fille naît dans l'île quelques mois après la mort du père. Quand la mère regagne La Nouvelle-Orléans, la ville est devenue américaine. Son univers ne cesse de se transformer, même si la haute société, à laquelle elle appartient, reste francophone. Le français demeure d'ailleurs la langue majoritaire à La Nouvelle-Orléans. D'autant que, dès le début de la révolte des esclaves de Saint-Domingue, qui aboutit à l'indépendance d'Haïti en 1804, la ville reçoit un afflux de colons français réfugiés. Sa population double en quelques années.

En 1807, à 20 ans, Delphine se remarie avec Jean Blanque. Né vers 1765 et originaire du Béarn, celui-ci est arrivé à La Nouvelle-Orléans en 1803 avec le tout dernier gouverneur français de la Louisiane, Pierre-Clément de Laussat. Juriste, Blanque était censé introduire les lois de la République en Louisiane. Mais les manœuvres du Premier Consul l'ont obligé à se reconvertir : quand il épouse Delphine, il est devenu banquier et affairiste. Le couple a quatre enfants et vit dans une belle demeure qui existe toujours, au 409 de la rue Royale. Jean Blanque meurt en 1816, léguant sa fortune à son épouse.

Cinq ans plus tôt, en janvier 1811, une grande révolte d'esclaves inspirée de celle de Saint-Domingue a éclaté dans les environs de La Nouvelle-Orléans. Réunissant entre deux cents et cinq cents esclaves, c'est la plus importante qui se soit déroulée aux États-Unis. Elle est rapidement et brutalement réprimée. Le meneur, Charles Deslondes, est sauvagement massacré : on lui coupe les mains, on lui tire une balle dans chaque cuisse et dans la poitrine avant de le brûler encore vivant. Quarante-quatre esclaves révoltés sont décapités ; on plante leurs têtes sur des pieux le long du Mississippi, à titre d'exemples. Cette révolte a-t-elle joué un rôle dans la vie de notre héroïne ?

En 1825, à 38 ans, Delphine convole une troisième fois, avec un médecin français originaire de Villeneuve-sur-Lot, Léonard Louis Nicolas Lalaurie, arrivé à La Nouvelle-Orléans depuis peu. En dépit du changement de domination, la Louisiane, devenue le 18e État de l'Union en 1812, continue d'attirer des immigrants français au XIXe siècle. Delphine de Macarty devient ainsi Delphine Lalaurie, nom sous lequel elle est généralement connue.

Le docteur Lalaurie est plus jeune qu'elle – de dix, voire de dix-sept ans, selon les sources, mais les informations sur le médecin du Lot sont rares et imprécises. Tandis que son premier époux lui avait été imposé par son père, Delphine semble très amoureuse du troisième. Un caprice de femme riche ? Considère-t-elle que la mort de son capitaine de père, l'année précédente, lui laisse désormais la liberté de choisir son compagnon comme elle l'entend ? Quoi qu'il en soit, c'est une femme indépendante : elle possède des plantations, léguées en partie par sa mère, en partie par son second mari. Les époux Lalaurie ont un fils, né en 1826 – c'est le sixième enfant de Delphine.

Salle de torture

En 1831, Delphine Lalaurie, qui a hérité de la maison Blanque, achète un terrain au 1140, rue Royale, sur lequel on est en train d'édifier une élégante demeure distribuée sur trois étages, avec un jardin et des dépendances – dont les logements des esclaves. Achevé en 1832 et luxueusement meublé par la maîtresse de maison, l'hôtel particulier accueille des soirées élégantes et raffinées. « Le mobilier à lui seul était particulièrement coûteux, avec ses pianos, ses armoires, ses buffets », note la *New Orleans Bee* (« L'Abeille de La Nouvelle-Orléans »), le principal organe de presse local, le 12 avril 1834. Chez les Lalaurie, on donne des bals, on sert des vins de prix. Dans un article publié par le *Journal of the Louisiana Historical Association* en 1982, l'historien Fred Darkis écrit : « Auréolée d'une atmosphère tissée d'aimables conversations, de vins précieux et de la lumière miroitante des chandelles, Mme Lalaurie semble avoir incarné le charme romantique de La Nouvelle-Orléans d'autrefois. » Toutes les tâches domestiques sont accomplies par « une armée » d'esclaves que Delphine Lalaurie traite, en public, de façon tout à fait correcte. Elle en a même affranchi deux, en 1816 et en 1832. Détail souvent négligé : la période de gloire de sa somptueuse demeure, et par conséquent le laps de temps durant lequel elle peut se livrer à son hobby, s'étend sur une très courte période, entre 1832 et 1834…

L'affaire Lalaurie éclate le 10 avril 1834, quand un incendie se déclenche dans la demeure de Royal Street. Des voisins avertissent les pompiers. Les récits de la découverte faite ce jour-là chez elle sont extrêmement contradictoires et confus. Certains témoignages prétendent que les esclaves ne sont pas sortis de la maison en flammes. En réalité, ils aident leurs maîtres à sauver les objets de valeur qu'elle abrite. Les récits font intervenir le juge Jean-François Canonge, une personnalité digne de confiance et un ami du couple, qui assiste aux soirées. Averti du sinistre, il accourt sur les lieux. La légende veut qu'il ait demandé les clefs des logements des esclaves pour se porter à leur secours. De qui se moque-t-on ? En dehors de ce qui va être découvert au grenier, les esclaves logeaient dans une dépendance située dans la cour. Le juge Canonge devait le savoir. À son instigation, dit-on, quelques hommes courageux s'introduisent dans la demeure et la fouillent. Au grenier, après avoir forcé une porte, ils découvrent l'horreur : une salle de torture.

« En entrant, ils ont trouvé sept esclaves, plus ou moins horriblement mutilés [...] attachés par le cou, avec des membres entièrement déformés. Le langage est impuissant et impropre à décrire correctement l'horreur qu'une telle scène peut inspirer. Nous ne le tenterons pas, mais nous laissons l'imagination du lecteur se la représenter. [...] Elle [Mme Lalaurie] les avait enfermés là depuis plusieurs mois, et leur existence était prolongée uniquement pour leur faire goûter les souffrances qu'une cruauté des plus raffinées pouvait leur infliger », lit-on le lendemain dans la *New Orleans Bee*.

Après la publication de cet article, la foule s'assemble devant la demeure des Lalaurie, dont les propriétaires ont judicieusement pris la fuite. On la pille et on jette les meubles par la fenêtre. Après l'incendie et le saccage, la belle demeure se retrouve en ruines.

L'affaire Lalaurie

Découvrir sept esclaves torturés dans le grenier, c'est suffisamment monstrueux. Mais la discrétion, dictée par l'effarement, de l'article paru dans la *New Orleans Bee* permet très vite aux imaginations de s'échauffer. La journaliste anglaise Harriet Martineau, qui parcourt les États-Unis à cette époque, mentionne l'affaire Lalaurie dans son *Retrospect of Western Travel* publié en 1838. Elle ne se trouve pas à La Nouvelle-Orléans quand le scandale éclate : elle y passe fin 1834. Mais la demeure en ruine attire son attention. Elle interroge des « témoins » de l'événement, mais ses sources demeurent anonymes. Compte tenu du peu de détails fournis par la *New Orleans Bee*, elle en a rajouté : « Il y avait là deux cent soixante-six colliers de fer munis de pointes [à l'intérieur du collier], qui maintenaient leur tête dans une position figée. Des fouets aux lanières enduites de sang étaient suspendus aux murs ; et il y avait un escabeau sur lequel ce démon grimpait quand elle fouettait ses victimes, pour les frapper avec plus de force. » Deux cent soixante-six colliers de fer ! Les Lalaurie auraient-ils planifié un projet à grande échelle, réduit à néant par l'incendie ?

Harriet Martineau reprend – ou lance ? – des rumeurs, des anecdotes qui fondent aujourd'hui le corpus officiel de l'« affaire Lalaurie ». Ainsi, « chaque matin, sa première occupation, après le petit déjeuner, était de s'enfermer avec ses [esclaves] emprisonnés et de les fouetter jusqu'à ce que les forces lui manquent ». Une voisine raconte à Harriet Martineau l'histoire d'une jeune esclave tombée du toit, reprise ensuite comme un fait indéniable. Cette voisine aurait vu Mme Lalaurie pourchasser la jeune esclave, fouet en main. Elle aurait aussi vu enterrer le corps de l'adolescente dans le jardin des Lalaurie, « à la lumière des torches ». Ainsi, l'une des légendes noires de l'Amérique a été en partie forgée par une Anglaise…

Faisant fi du témoignage de la *New Orleans Bee*, on affirme que « l'on ignore combien de corps ont été retrouvés dans la salle des tortures » des Lalaurie. Les descriptions, dignes des pires films d'horreur américains, se font de plus en plus atroces, comme celle, datant de 2018, qui rend compte de l'épisode, de la série *American Horror Story* consacré à Delphine Lalaurie : « Selon la rumeur, tout autour de la pièce, des parties démembrées de corps humains gisaient sur le sol, des têtes avaient été entassées dans des seaux et les étagères étaient garnies de bocaux qui renfermaient divers organes humains. Des esclaves, aussi bien des hommes que des femmes, étaient enchaînés aux murs ou à ce qui semblait être une table d'opération de fortune. Ils étaient tous extrêmement maigres, leur peau avait été écorchée par un fouet, et des colliers de fer munis de pointes acérées les empêchaient de bouger la tête. Leurs yeux avaient été crevés ou arrachés tout comme leurs ongles. De nombreux esclaves étaient déjà morts et ceux qui étaient encore en vie appelaient la mort. Certains étaient suspendus par les oreilles, leurs articulations étaient purulentes et l'on pouvait apercevoir de larges plaies dans leurs fesses, là où la chair avait été profondément tranchée. D'autres étaient attachés au plafond, ils avaient des trous au sommet de leur crâne, et un bâton rugueux y avait été inséré afin “d’en remuer le cerveau”. D’autres encore avaient l’abdomen ouvert et leurs viscères avaient été enroulées autour de leurs tailles ou clouées au sol. L’une des victimes avait les bras amputés et la peau décollée, une autre gisait dans une petite cage pour chien, les os brisés. Une femme avait eu la bouche remplie d’excréments puis on avait refermé ses lèvres avant de les coudre. Un homme avait été castré, et l’on pouvait deviner sur son corps mutilé le début d’une opération barbare visant à changer son sexe. Les langues de deux autres esclaves étaient reliées entre elles à l’aide de fil. Certains de ces suppliciés avaient leurs bouches fermées par des épingles et leurs mains cousues sur différentes parties de leurs corps. D’autres avaient été aspergés de miel et des fourmis, des cafards et des rats rongeaient leur chair » (extrait du blog de Marie Alsina, *Mindshadow*).

Ce monstrueux tableau ne fait pas de compte précis, mais il y a là bien plus que les sept esclaves trouvés dans le grenier lors de l’incendie. Quels esprits, encore plus malades que ceux de « Mme Lalaurie » et de son époux, ont imaginé ces horreurs ? Beaucoup d’auteurs, en se fondant notamment sur le fait que la maison lui appartenait, considèrent que Delphine Lalaurie a agi seule, à l’insu de son mari. Pourtant cette version, très répandue, est peu crédible.

D'autres soupçonnent au contraire le docteur Lalaurie d'avoir joué un rôle de premier plan dans cette histoire. Les sources le concernant sont presque inexistantes, mais sa profession plaide en faveur de sa participation. Peut-être l'idée est-elle venue de lui ? Il est établi qu'à cette époque, en Louisiane, les médecins utilisaient souvent les esclaves comme cobayes, entre autres pour tester de nouvelles potions. Le médecin, peut-être sadique, peut-être encouragé par l'idée alors admise dans son milieu que les esclaves n'étaient pas des êtres humains à part entière, a pu tenter, avec l'aide de sa femme, des expériences plus radicales, comportant des mutilations. Mais les témoignages sont très fragmentaires et en l'absence de jugement, d'enquête, d'aveux, le couple ayant disparu, il est difficile de déterminer les responsabilités et les motivations. Une hypothèse envisageable est que la riche Créole, s'étant offert un mari plus jeune qu'elle, a tenu à s'assurer son amour et sa fidélité en le laissant s'adonner à ses manies sadiques.

Fin mystérieuse

En un peu plus de cent cinquante ans, les sept esclaves découverts dans le grenier se sont donc multipliés. On attribue couramment « plus de cent victimes » à Mme Lalaurie. On parle d'une fosse commune contenant près de quatre-vingts cadavres, trouvée dans le jardin ! Comment le couple aurait-il pu torturer et tuer autant de victimes en moins de deux ans ? Par ailleurs, aucun témoignage ne rend compte avec précision de l'agencement de la demeure, avec son jardin, sa cour, ses dépendances. Combien d'esclaves une telle maison pouvait-elle abriter ? Une vingtaine au maximum, selon toutes probabilités. Sans oublier que, la traite ayant été abolie en 1807 aux États-Unis, les esclaves constituent alors un bien précieux. Même une femme riche comme Delphine Lalaurie n'aurait pu se permettre d'en massacrer des dizaines…

Plutôt qu'essayer d'analyser les faits en les replaçant dans le contexte de l'institution esclavagiste, sur laquelle les Américains n'aiment guère s'appesantir, on a préféré donner à cette affaire un côté grand-guignolesque et en rajouter dans l'irrationnel. Ainsi, Delphine Lalaurie aurait également été proche de la principale représentante du vaudou à La Nouvelle-Orléans, Marie Laveau, grâce à qui elle aurait eu un enfant avec le diable ! Et sa maison est censée être hantée par les esprits des esclaves torturés et tués.

La fin de Delphine Lalaurie est mystérieuse également. Les deux époux auraient réussi à s'enfuir dans leur calèche conduite par leur fidèle cocher et à gagner le port de Mobile, puis à s'embarquer pour la France. Ils se seraient réfugiés à Paris où Delphine avait effectivement de la famille.

Elle y serait morte en 1849. Toutefois, une plaque de cuivre découverte dans les années 1930 au cimetière de La Nouvelle-Orléans, tout en indiquant que Mme Lalaurie était morte à Paris – mais en 1842 –, laisse supposer que sa dépouille a été rapatriée en Louisiane…

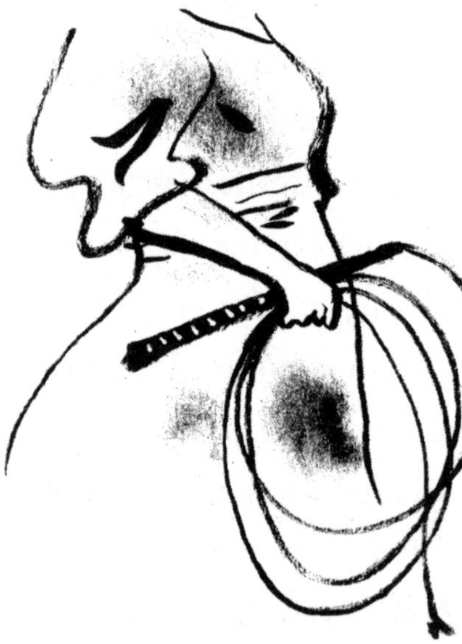

LE LANDRU FÉMININ

Par Bruno Fuligni

Louise Bessarabo
(1868-1931)

Entre les boulevards populeux du IXe arrondissement et les rues chaudes de Pigalle, le square La Bruyère, à Paris, semble une enclave de sérénité bourgeoise. Coupé de la rue par une imposante grille de fer qui le fait ressembler à l'enceinte d'une ambassade, il arbore fièrement ce panonceau érudit :

« Cette impasse privée a été ouverte en 1894 sur l'emplacement d'un gymnase militaire datant du Second Empire.

« Y ont vécu deux gloires parisiennes aujourd'hui oubliées : le grand baryton Jean-François Delmas (1861-1933), créateur des principaux rôles wagnériens à l'Opéra de Paris, et le "fin diseur" Félix Galipaux (1860-1931).

« Georges Simenon y a fait vivre l'un de ses personnages, Manuel Mori, dans *Maigret et l'Indicateur.* »

Le chanteur wagnérien, l'humoriste Galipaux et ses « galipettes », l'ombre de Maigret valorisent sans doute ce lieu tranquille et cossu. Or, n'en déplaise aux copropriétaires, il manque à cette évocation du bon vieux temps une référence beaucoup plus glaçante, qui sans doute n'est pas étrangère à l'intérêt de Simenon pour cette impasse discrète, dont la respectable apparence dissimule un lourd passé. Le savant rédacteur du panonceau ne peut l'ignorer : le n° 3 du square La Bruyère a aussi été une scène de crime fameuse en 1920, quand la presse s'enthousiasma pour l'énigmatique « Madame Bessarabo ».

« L'ennemie de l'homme »

L'affaire éclate dans les premiers jours d'août 1920, quand un certain Édouard Lacroix se présente au commissariat du IXe arrondissement. Chauffeur de son état, ce bon citoyen s'inquiète de ne plus avoir aucune nouvelle de son patron, l'homme d'affaires Georges Bessarabo.

Le commissaire Thierry pourrait le rassurer, en ce début d'été où les ménages fortunés quittent la puanteur parisienne pour les bains de mer ou les villégiatures à la campagne ; mais plusieurs commérages lui ont déjà rapporté des scènes violentes chez les époux Bessarabo, aussi écoute-t-il attentivement le chauffeur, dont il transcrit la déposition en style administratif :

« M. Bessarabo habite 3, square La Bruyère, et a ses bureaux, 76, rue de la Victoire. C'est un brave homme qui est très facile à servir. Je le conduis, chaque jour, de chez lui à son bureau, ainsi que pour toutes les courses qu'il fait dans la journée. Vendredi dernier, il m'a quitté vers onze heures et demie du soir, place de la Trinité, en me recommandant d'être le lendemain, à neuf heures, devant le numéro 76 de la rue de la Victoire.

« Je l'ai vu s'engager dans la rue Blanche, ce qui m'a fait supposer qu'il rentrait chez lui. Or, depuis, pas plus au square La Bruyère que rue de la Victoire, je ne l'ai revu.

« Je suis assez inquiet ; car il avait, je le sais, pour le lendemain, un rendez-vous d'affaires très important que, pour rien au monde, il n'aurait voulu manquer. Or, il n'y a pas été vu. Ce qui, d'autre part, donne corps à mes inquiétudes, c'est que très confiant avec moi, il ne m'a pas caché qu'il vivait en assez mauvais termes avec sa femme et qu'il la redoutait fort. Je ne suis pas éloigné de croire à un drame, dont M. Bessarabo aurait été la victime, et voici pourquoi : le samedi, ayant vainement attendu mon maître, rue de la Victoire, je suis allé chez lui, mais au lieu de mon patron, c'est Mme Bessarabo qui, à mon appel, est descendue.

« "Mon mari, m'a-t-elle dit, sur un ton tout à fait étrange, n'est pas là. Il a dû quitter Paris pour affaire urgente. Il est donc inutile de l'attendre. Du reste, de mon côté, je vais m'installer dans la villa que nous avons louée à Montmorency, et où il compte venir me rejoindre dans quelques jours."

« J'offris alors à Mme Bessarabo de transporter ses bagages à la gare ; elle refusa !

« Je lui trouvai un drôle d'air… et je n'ai pas voulu garder plus longtemps le silence. »

Le commissaire, à ces mots, juge nécessaire de se transporter square La Bruyère. L'impasse privée a une concierge qui lui confirme le départ de Mme Bessarabo et de sa fille, Paule, 22 ans, née d'un précédent mariage avec un certain M. Jacques. Oui, les deux femmes sont parties en taxi, gare du Nord : le mari de la concierge les a d'ailleurs aidées à charger une lourde malle dite « chapelière » qui, vu son poids, ne contenait pas que des chapeaux…

Rue de la Victoire, aux bureaux du disparu, le policier glane encore quelques informations intéressantes : Mme Bessarabo y passait parfois, réclamant de l'argent, se disputant violemment avec son époux ; et quelques jours plus tôt, en son absence, elle est revenue munie d'une lettre de celui-ci, ordonnant à ses employés d'expédier une malle pleine de documents à Nancy – c'est-à-dire depuis la gare de l'Est, toute proche de la gare du Nord d'où elle va à Montmorency.

S'agirait-il d'espionnage ? Car le disparu vit sous un faux nom : Bessarabo est le patronyme d'inspiration géographique qu'il utilise pour commercer avec la Russie des Soviets, sans doute pour laisser penser qu'il est originaire de Bessarabie ; or, c'est un juif de Roumanie, Jacob Ismaël Weissmann, naturalisé français lorsqu'il a épousé la suspecte, au Mexique.

Celle-ci, née Marie Louise Victoire Grouès, appartient au petit milieu des « Barcelonnettes », ces Français originaires des Hautes-Alpes qui, depuis le début du XIXe siècle, ont conquis une position centrale dans l'économie mexicaine. Textile, commerce, banque, assurance : les « Barcelonnettes » sont puissants aux Amériques et les plus fortunés, de retour dans leur pauvre vallée de l'Ubaye, y font construire d'imposantes maisons de style baroque hispanique, symboles de leur réussite.

Antoine Grouès, frère de Louise, a fait fortune au Mexique : c'est un industriel et un négociant actif, riche et pieux, honorablement connu à Lyon pour ses activités charitables auxquelles il associe son jeune fils, Henri, âgé de 8 ans lorsqu'éclate l'affaire. Louise, elle aussi, s'est rendue au Mexique, où elle a épousé en 1897 un « Barcelonnette », Pierre Jacques, dont elle a eu deux filles : l'une est restée là-bas, l'autre vit en France, auprès de sa mère, depuis la mort de Pierre Jacques, qui s'est suicidé en 1914.

Veuve, Louise a rencontré Bessarabo au Mexique, où elle l'a épousé à son tour. Elle convient sans difficulté de leur mésentente : son mari lui avait dissimulé son vrai nom, allant jusqu'à se marier à l'église, comme s'il était catholique. Puis, une fois en possession de la fortune de la veuve, il l'aurait dilapidée, en affaires ruineuses et en petites cocottes… Car Bessarabo est coureur, il entretient des maîtresses, dont la jeune Gaby, sa dactylo…

Ces confidences de Mme Bessarabo constituent autant de mobiles, mais la digne dame nie avoir trempé dans la disparition de son mari. Quant aux proches du disparu, dont son frère, ils dépeignent au contraire une femme abominable, irascible, ingrate, toujours en quête d'argent pour boursicoter, tenir salon, publier à compte d'auteur et tenter de promouvoir ses œuvres. Louise Grouès, veuve Jacques, épouse Bessarabo – ou Bassarabo – cherche en effet à faire reconnaître son talent sous divers pseudonymes littéraires, dont l'un semble plein de sous-entendus : Héra Mirtel.

Héra comme la déesse antique, sœur et épouse de Zeus, jalouse et vindicative, persécutrice d'Héraclès aussi bien que des Troyens – la Junon des Romains, redoutable déesse-mère qui complota en vue de faire ligoter son divin et volage époux par ses propres enfants.

Mirtel comme le myrte d'Aphrodite, la plante symbolique de la vitalité et de l'amour dans la Grèce antique…

Quand, en gare de Nancy, le 4 août 1920, on retrouve la malle chapelière contenant le cadavre ligoté de Bessarabo, tué d'une balle tirée à bout portant dans la tempe, ces réminiscences antiques prennent un relief nouveau. Le juge d'instruction, Bonin, a beaucoup de travail, puisqu'il mène en parallèle les investigations sur Landru, arrêté en 1919. Pourtant, dès que l'écrasant dossier du « tueur de femmes » lui en laisse le loisir, il se plonge dans les œuvres sulfureuses d'Héra Mirtel dite « l'ennemie de l'homme » – et le brave magistrat en reste pantois.

Suprématie féminine

« Le règne de la Mère, base de la suprématie du sexe qui enfante, fut à la source de toutes les civilisations », proclame-t-elle en préface au livre de sa « consœur et amie » Cleyre Yvelin, qui publie en 1908 une *Étude sur le féminisme dans l'Antiquité*. L'une et l'autre sont adeptes d'un « féminisme matriarcal », théorisé par le Suisse Bachofen. La procréatrice, divinisée dans les temps archaïques, a été dépossédée de son pouvoir et dominée par l'homme, mais un temps viendra où elle aura sa revanche.

Aussi les études, poèmes, romans signés des divers pseudonymes de Mme Bessarabo ne tendent-ils pas à une banale et plate égalité des sexes : c'est le retour de l'hégémonie féminine qu'ils annoncent et, pour la nouvelle Héra, les craquements qui font suite à la Grande Guerre semblent propices au retournement tant attendu. « Sous le choc des appétits métalliques, des conflits résolus par l'anéantissement, désormais réalisable, d'une race par une autre race, un éclair a sillonné, d'une fissure profonde de lumière, les sépulcres où l'homme a scellé et enfoui la Loi primordiale et naturelle. Tout un passé méconnu proclame la sacrilège spoliation de ce règne négateur du nôtre. Contre cette mâle domination, accumulation de misères et de déchéance, un élément de régénération jaillit des trésors de la vitalité humaine. Au-dessus des dogmes, des doctrines, des systèmes qui érigèrent un *Maître,* l'éternelle et unique Loi remonte des siècles », prophétise-t-elle dans cette même préface, pour revenir « à la suprématie et au pouvoir attribués par la Nature elle-même à l'élue de son choix : la Femme. »

Un doute affreux

Bien sûr, ce ne sont que des textes philosophiques, des jeux de l'esprit, mais le juge d'instruction, quand il en prend connaissance, effaré par cette vision du monde, se pose bien des questions. Mme Bessarabo, *alias* Héra Mirtel, aurait-elle commencé cette révolution des sexes dans la sphère domestique ? A-t-elle sacrifié son patriarcal conjoint à la renaissance de la suprématie féminine ? Et bientôt un doute affreux saisit le magistrat quant au décès du premier mari.

Pierre Jacques, le père de Paule, est normalement mort par suicide, au 107, avenue de Sèvres, dans le VIe arrondissement de Paris. Le dossier de l'enquête laisse toutefois apparaître, là encore, des différends au sein du couple. Selon le concierge d'un immeuble voisin, l'homme dépérissait, lui semblait inquiet, et avait pris rendez-vous avec lui pour le lendemain du drame, ce qu'il n'aurait sans doute pas fait s'il avait prévu de mettre fin à ses jours. On le retrouva le lendemain matin, la tempe percée d'une balle, mais le revolver gisait bizarrement au sol, dans un caillot de sang, au lieu d'être resté dans la main du malheureux.

Une lettre manuscrite, expliquant le geste du mort, fit conclure au suicide, mais rétrospectivement, cet écrit ne pouvait-il être un faux, comparable à cet ordre signé Bessarabo qu'a contrefait son épouse meurtrière ?

L'exhumation du premier mari est donc ordonnée. Sept ans après sa mort, il n'y a guère à en attendre, mais le défunt a été enterré coiffé de sa casquette, dans laquelle on trouve huit lettres mystérieuses par lesquelles il affirme son dégoût de la vie. « Cela, en effet, donnait à penser que M. Jacques s'était réellement suicidé. Mais pourquoi enfermer ces huit lettres dans une enveloppe et les épingler à la casquette qui coiffait le crâne du mort ? », se demande la presse. « Personne ne l'avait donc vu ? On avait donc examiné la blessure de la tempe et enterré le cadavre sans, à aucun moment, lui enlever sa casquette ? Ou bien celle-ci avait été mise après coup ? »

Les journaux s'emballent, raffolent de cette histoire qui télescope l'affaire Landru. Un chansonnier les mélange allègrement, dans *Les Affaires Lanbessarabodru* : le barbu diabolique qui fait disparaître ses fiancées, l'épouse croqueuse de maris, semblent se répondre dans une symétrie parfaite, au point qu'on regrette qu'ils ne se soient point rencontrés. Un autre comique, Victor Vallier, obtient un petit succès aux *Noctambules* et à *L'Olympia*, avec *La Plaidoirie de Mme Bessarabo* : on chante, sur des airs à la mode, le peu de cas qu'on fait des messieurs, à l'aube des Années folles.

Un homme (bis)
Je peux vous prouver qu'ici-bas
Auprès des femm's, mais ça ne compt' pas
Un homme (bis)
Deux ou trois petits coups de revolver,
Et le v'la les quatre fers en l'air !
C'est bien peu d'choses un homme !
Ça n'tient pas plus d' place qu'un' pastille,
Ça s'tasse comme un caramel mou.
Comme un paquet ça s'entortille
Puis ça s'expédie, n'importe où…

L'époque est d'ailleurs sensible à ces questions. Pendant la Grande Guerre, à l'arrière, les femmes ont acquis un début d'indépendance, en exerçant des métiers qu'on croyait réservés aux hommes, en tenant les finances du foyer. Certaines ont eu des amants, oubliant leur fiancé parti au front. Quelques-unes réclament des droits politiques et la Chambre des députés, en mai 1919, a d'ailleurs accordé le droit de vote aux femmes : c'est le Sénat qui bloque la réforme, au grand soulagement d'une bonne partie des électeurs. Et si Landru devient populaire pour avoir « remis la femme au foyer », Mme Bessarabo fait sensation en annonçant les temps nouveaux du suprématisme féminin.

Trahie par sa fille

Ces considérations pèsent lourd sur le procès, en juin 1922. Même juge d'instruction que Landru, Bonin, décédé au moment de boucler son dossier ; même président du tribunal, Gilbert ; Mme Bessarabo choisit donc pour avocat celui de Landru, Me Moro-Giafferri, qui, s'il n'a pu sauver de la guillotine « le Barbe-Bleue de Gambais », s'efforce d'éviter la peine capitale à la veuve sanglante du square La Bruyère.

Celle-ci ne lui facilite pas la tâche. Impérieuse, véhémente, multipliant les versions dans des récits de plus en plus contradictoires, elle crée la confusion et fatigue les jurés. Bessarabo la battait-il, se montrait-il trop pressant auprès de sa belle-fille ? Espionnait-il au profit de l'Allemagne ou des Soviets ? Sa disparition serait-elle l'œuvre d'un service secret qui aurait substitué son cadavre aux documents confidentiels qu'il expédiait à Nancy ? Était-il un imposteur et un pilleur de dot, entretenait-il ses maîtresses aux frais de l'accusée, ou celle-ci salit-elle la mémoire du défunt pour se défausser ?

Le doute s'installe tant et si bien que Mme Bessarabo pourrait en bénéficier. Mais voici que le seul témoin du drame vient à l'accabler : Paule, sa fille, l'accuse expressément. En prison, à Saint-Lazare, la jeune femme est tombée sous la coupe d'une codétenue, dont elle est éperdument amoureuse ; elle ne veut pas qu'une condamnation la sépare d'elle et, pour cela, sa seule issue est de faire peser toute la peine sur sa mère. Elle la charge donc, emportant la conviction des jurés : trahie par sa propre enfant, la prophétesse du féminisme matriarcal écope de vingt ans de travaux forcés.

À la maison centrale de Rennes, Mme Bessarabo purge sa peine. Paule lui rend visite au parloir, où la mère et la fille se réconcilient. En 1929, l'accusatrice finit par reconnaître avoir menti, en s'exonérant de toute complicité. Une demande en révision du procès est introduite, mais Mme Bessarabo ne verra pas l'aboutissement de la procédure. Elle s'éteint le 21 mars 1932, rongée par la tuberculose, après neuf années de détention.

De cette étrange affaire, la réputation de l'honorable famille Grouès sortira entachée pour longtemps. Pour le salut de Louise, son pieux frère Antoine priera longuement, ainsi que sa fille Paule, retirée dans un couvent. Son neveu Henri, dans la Résistance et au sein de l'Église, expiera doublement : sous le nom bien connu de « l'abbé Pierre », il s'efforcera de racheter les péchés de sa tante.

LA CHIENNE D'AUSCHWITZ

Par Claude Quétel

Irma Grese

(1923-1945)

La troisième de cinq enfants, Irma Grese naît dans un petit village du Mecklembourg le 7 octobre 1923, l'année de la folle inflation du mark – celle aussi du putsch manqué d'Adolf Hitler à Munich. Ses parents, Alfred et Bertha, sont ouvriers agricoles. Irma n'a que 13 ans lorsque sa mère, découvrant l'infidélité de son mari, se suicide en absorbant de l'acide chlorhydrique. Ce drame achève de renfermer sur elle-même une enfant qui déjà communiquait très peu avec ses camarades d'école.

On est alors en 1936. L'endoctrinement nazi a commencé dès l'école primaire, où chaque jour la classe débute par une prière au Führer : « Führer, mon Führer, envoyé par Dieu, protège-moi et veille sur moi tout au long de ma vie. Toi qui as sauvé l'Allemagne de la détresse, je te remercie pour mon pain quotidien. » Irma et sa sœur aînée rêvent de rejoindre la BDM (*Bund Deutscher Mädel,* Ligue des jeunes filles allemandes), l'équivalent féminin des *Hitlerjugend* avec leurs camps en forêt et leurs chants, mais leur père s'y oppose catégoriquement.

Irma quitte l'école et, par la même occasion, la maison paternelle à 15 ans pour aller travailler dans une ferme.

Elle ne fait qu'anticiper en cela l'intégration dans le *Reichsarbeitsdienst*, le Service du travail obligatoire pour les jeunes Allemands des deux sexes, qui a pour but « d'éduquer la jeunesse allemande dans l'esprit du national-socialisme ». La jeune fille travaille ensuite pendant deux ans comme aide-soignante dans un sanatorium. La guerre a commencé. Elle voudrait devenir infirmière mais ses demandes pour rejoindre une école sont rejetées, probablement pour insuffisance intellectuelle.

Ravensbrück

On la retrouve ouvrière dans une laiterie à Fürstenberg, en Basse-Saxe, où le travail est dur et mal payé. Non loin de là, il y a un camp de concentration pour femmes, à Ravensbrück. On y embauche par la voie des petites annonces des femmes volontaires, nourries et logées, à des salaires au double de ceux d'une ouvrière. En juillet 1942, Irma Grese fait son entrée à Ravensbrück. Elle n'a pas tout à fait 19 ans. Blonde aux yeux bleus, 1 m 63, des dents bien alignées, les traits réguliers et fortement charpentée, on pourrait la qualifier de belle dans le goût de l'époque. Une solide Aryenne, en tout cas.

Pas d'équivoque dans l'emploi. Les petites annonces évoquent une « activité sociale auprès de délinquants » ou, plus clairement : « gardienne dans un camp ». Un simple regard, une fois franchie l'entrée de Ravensbrück, achève de mettre les points sur les *i*. Irma Grese va servir la Grande Allemagne en surveillant des prisonnières ennemies du Reich. Elle va être une *Aufseherin*, une surveillante auxiliaire de la SS : les *Aufseherinnen* ne peuvent faire partie de la SS qui ne compte que des hommes.

Il suffit pour cela d'une plus que rapide formation de six semaines qu'elle accomplit sous la houlette de Dorothea Binz, de trois ans son aînée, qui s'est distinguée dans la BDM où elle est entrée dès l'âge de 10 ans et qui s'affiche comme une nazie convaincue. Un centre de formation des *Ausfseherinnen* est en train de se constituer à Ravensbrück. À la fin de la guerre, elles ne seront pas moins de 3 500 pour 38 000 gardiens SS des camps de concentration. Hitler comme Himmler resteront toujours inflexibles sur ce point : à camps de femmes, gardiennes femmes.

Dorothea Binz a pris Irma Grese sous son aile – et probablement plus que cela. En quelques semaines, la nouvelle *Aufseherin* devient une bête fauve. Déportée à Ravensbrück, Germaine Tillion témoigne : « Les débutantes avaient l'air généralement effarées à leur premier contact avec le camp, et elles mettaient quelque temps avant d'atteindre le même niveau de cruauté et de débauche que les anciennes [...]. Huit à quinze jours, un mois au plus, représentaient une moyenne très normale d'adaptation. » Une seule, « de mémoire de déportée », ajoute Germaine Tillion, n'avait pas pu s'y faire, pleurant sans cesse et finissant par disparaître.

La surveillance se limite aux déplacements, nombreux, pour les « kommandos » de travail et aux interminables appels devant les baraquements. Mais quel pouvoir, alors ! « En bottes et képi, elles se tenaient différemment », témoigne une autre déportée. Et que dire, quand dans la main il y a une trique ! Pire que le mimétisme de la violence et de la cruauté, une compétition, une surenchère s'installe. Il faut montrer aux déportées, mais aussi aux autres gardiennes et plus encore à la hiérarchie du camp, de quoi on est capable. La peur qu'on inspire devient alors une véritable drogue.

À Ravensbrück, les mises à mort par gazage ont lieu dans d'autres camps, au terme de ce qu'on appelle les « transports noirs ». Avec les déportées juives, toujours choisies en priorité, sont désignées les « vieilles », c'est-à-dire celles qui sont d'autant plus exténuées et amaigries que les gardiennes se sont acharnées sur elles.

Quand Grese frappe-t-elle une déportée pour la première fois ? Très tôt, à l'évidence sous le regard approbateur de son égérie Binz. La cruauté, le sadisme s'apprennent et elle apprend vite. Sa hiérarchie la considère comme un élément « prometteur », toujours disponible et n'ayant pas sa pareille pour faire régner la discipline. Lorsque Johanna Langefeld, l'*Oberaufseherin* (inspectrice), prend part à la construction du camp pour femmes d'Auschwitz-Birkenau, elle y affecte, entre autres mais en bonne place, Grese. Celle-ci bénéficie alors d'une très courte permission au cours de laquelle elle rend visite à sa famille. On est en mars 1943. Quand, non sans fierté, elle décrit sa nouvelle fonction, une violente algarade éclate avec son père, en totale désapprobation. Elle dira qu'il la frappa et lui enjoignit de ne plus jamais revenir.

Auschwitz

Au camp des femmes d'Auschwitz-Birkenau, c'est l'enfer. Les déportées qui, à la descente des trains, ont échappé à l'extermination immédiate – une minorité jugée apte au travail – sont mises à nu et tondues dans le « sauna », où règnent des prostituées allemandes déportées, surnommées les *Puff-Mama*. C'est la fin de la pudeur mais ce n'est que le début d'Auschwitz.

Höss, le commandant SS du complexe concentrationnaire, souligne lui-même le surpeuplement et la promiscuité du camp des femmes. À cause de cela et d'une sous-alimentation délibérée, les corps s'épuisent vite et la volonté de vivre plus vite encore, jusqu'à l'une des sélections régulières qui envoient les plus faibles et les malades à la chambre à gaz.

À cette horreur s'ajoute celle des expérimentations pseudo-médicales auxquelles se livrent les médecins SS, sous la conduite de Josef Mengele. L'un de ses adjoints, Carl Clauberg, ancien professeur de gynécologie à la faculté de médecine de Königsberg, s'intéresse à la stérilisation. La « méthode Clauberg » consiste à injecter des produits caustiques dans l'utérus. La souffrance des malheureuses est telle que certaines en meurent par arrêt cardiaque. De toute façon, les survivantes sont mises à mort par injection de phénol dans le cœur, à la fois pour effectuer des autopsies post-expérimentales et pour faire disparaître ces témoins martyrs.

Les femmes sont gardées par d'autres femmes, à commencer par des déportées de droit commun, allemandes ou polonaises, choisies pour leur brutalité : une *Blockowa* et deux assistantes *(Stubowa)* par baraquement – où s'entassent 700 déportées – ainsi que de nombreuses « kapos » contrôlant travaux, corvées et déplacements. Sans ces subalternes, les *Aufseherinnen* ne suffiraient pas à la tâche. Et pourtant, au camp des femmes d'Auschwitz, elles sont une centaine à se relayer. Tout en haut de leur hiérarchie et n'ayant de comptes à rendre qu'au commandant d'Auschwitz trône la *Lagerführerin*, Maria Mandl, 31 ans. Elle aussi est passée par Ravensbrück où elle s'est forgé une réputation de sadisme meurtrier. « Elle était chargée du bloc correctionnel, [où] elle a fait mourir de faim beaucoup de femmes et d'enfants, témoigne un déporté résistant polonais. Cette femme pensait aux pires sanctions et pouvait sans mauvaise conscience regarder les femmes tomber et rester dans l'impossibilité de se relever sous les coups et les tortures qu'elle leur infligeait. »

Forte de cette réputation, Mandl a gravi les échelons de l'auxiliariat SS : *Rapportaufseherin* (gardienne-chef), *Erstaufseherin* (première gardienne), *Lagerführerin* (chef de camp), en attendant la consécration suprême : *Oberaufseherin*. À Auschwitz, grâce à l'importance des effectifs placés sous ses ordres, elle peut se dispenser d'un fréquent contact avec les déportées et se livrer du même coup à sa passion : la musique et le chant. À preuve de sa toute-puissance, elle a fait aménager dans le camp une « baraque de la musique » et a créé, à l'exemple du camp des hommes, un orchestre de femmes. Elles ne sont pas moins de 47, correctement nourries, chauffées, habillées. Peu importe qu'elles soient juives – et d'ailleurs le chef de son orchestre n'est autre qu'Alma Rosé, la nièce de Gustav Mahler.

Fania Fénelon, Française juive déportée en janvier 1944 après neuf mois à Drancy, va ainsi sauver sa vie. Elle est très mal en point lorsqu'elle apprend qu'on recrute une chanteuse. Elle chante du classique et joue du piano. La voici devant la terrible Mandl qui lui demande de chanter des airs de *Madame Butterfly*, son opéra préféré, qui la fait pleurer. Par chance, Fania connaît « Sur la mer calmée ». Elle est sauvée et fait désormais partie de l'orchestre qui accompagne en musique les départs et les retours des déportées au travail forcé quotidien, et qui donne des concerts pour les SS. Le Dr Mengele s'y montre assidu, entre deux expériences sur ses jumeaux.

Pour assouvir de pareilles lubies sans nuire au service, Mandl doit pouvoir déléguer à des personnes de confiance. C'est le cas avec Irma Grese, rapidement promue gardienne-chef et qui, en moins d'une année, devient son adjointe. Qu'est-ce qui va la distinguer des autres au point de la faire redouter des déportées et de mériter bientôt le surnom de « Chienne d'Auschwitz » ? D'abord, au contraire de Mandl, elle est toujours là. En tout cas c'est l'impression qu'elle donne, dès l'appel du matin. Sanglée dans son uniforme, les bottes noires parfaitement cirées, le pistolet à la ceinture, elle se tient à l'écart, le regard fixe, un fouet tenu à deux mains. Soudain, elle se précipite et elle frappe, toujours à hauteur des seins. Malheur à celle qui n'est pas dans le rang, ou qui traîne, ou qui boîte… Rien ne lui échappe.

Mais plus que les appels, qui pourtant peuvent durer plusieurs heures, ce sont les sélections pour la chambre à gaz qui la font particulièrement haïr et redouter. Grese n'en manque aucune. Au cours de ces moments atroces où les déportées doivent se mettre nues et défiler devant le médecin SS chargé de la sélection fatale, il y a celles qui sont résignées à leur sort tant leur maigreur et leur épuisement sont évidents, mais aussi celles qui essaient de sauver leur vie, au moins pour cette fois, en mobilisant leurs forces pour passer d'un pas suffisamment vaillant devant le juge SS du sursis ou de la mort. Assis derrière sa table, celui-ci pourrait se laisser abuser, mais pas Grese qui fait recommencer la malheureuse en allongeant son circuit ou en lui faisant escalader une chaise. De même Grese n'a pas sa pareille pour débusquer les malades, *a priori* sélectionnées d'office, que les femmes médecins du *Revier* (l'infirmerie du camp) essaient de dissimuler. Quant à celles qui se cachent dans les baraquements, elles n'ont aucune chance devant le regard inquisiteur de la Chienne d'Auschwitz.

À ce titre, celle-ci participe pleinement, et bien au-delà de la seule fonction de gardienne, au génocide des Juifs, des Tziganes et au meurtre de masse des « triangles rouges » (les politiques). De même, elle est toujours présente dès qu'il s'agit d'escorter des déportées désignées pour les expériences médicales. De ce fait, elle assiste et de près auxdites expériences, soit avec l'insensibilité la plus totale, soit avec sadisme, comme l'affirmeront des rescapées. Elle est en tout cas une auxiliaire active de Mengele – et peut-être plus que cela. La vie sexuelle de la Chienne d'Auschwitz est un sujet en soi car on n'en sait pas grand-chose. C'est une bisexuelle qui, du côté des femmes, a un terrain de chasse tout trouvé, et du côté des hommes, les SS. Le commerce sexuel entre ceux-ci et les *Aufseherinnen* est actif, à l'occasion de soirées arrosées, mais il y a aussi des liaisons suivies. C'est le cas de Grese avec un sous-officier SS du nom de Hatzinger.

La voilà enceinte : la fin de sa carrière ! Mais il lui en faut d'autres pour la désemparer. Elle a repéré, parmi « ses » déportées, une jeune Roumaine juive, Gisella Perl, une gynécologue qui a été affectée au *Revier* du camp. Sous la promesse d'un manteau, elle lui intime l'ordre de pratiquer l'avortement. Le Dr Perl le fait déjà avec nombre de femmes qui arrivent enceintes à Auschwitz mais là, faire avorter la gardienne-chef ! Quelle belle occasion de se débarrasser de ce monstre ! Grese en a bien conscience. Alors, pendant toute l'intervention, elle braque son pistolet sur la tête du médecin. Elle tirera si elle sent que les choses se passent mal.

Partout la Chienne d'Auschwitz sème la terreur. Elle surgit là où on ne l'attend pas, de façon si brusque et si inattendue que des témoins jureront qu'elle arrivait à bicyclette, d'autres la verront lançant sur les déportées un chien policier. Elle n'a eu très probablement ni chien, ni bicyclette mais elle était bien là, toujours à l'affût, toujours le fouet à la main et s'en servant avec un art consommé de la cruauté. Un jour, elle se fait apostropher sévèrement par Wirths, le médecin-chef SS d'Auschwitz, alors qu'elle est en train de fouetter une détenue affectée au bloc médical : « Ne battez pas mes gens ! » La Chienne d'Auschwitz tourne alors le dos. Elle n'a cure de ce genre de réflexion.

Irma Grese règne incontestablement sur le camp des femmes. À défaut de déceler ses brusques arrivées, on pourrait la suivre à la trace grâce au sillon outrageusement parfumé qu'elle laisse derrière elle. Son zèle n'empêche pas qu'elle participe à la corruption du camp, à commencer par les détournements provenant du « Canada ». On nomme ainsi, non loin des chambres à gaz et des crématoires, un secteur isolé de trente baraques où sont inspectés les valises et les ballots des déportés. Il y en a chaque jour des milliers. Deux cents déportées employées au tri y puisent devises, or, bijoux mais aussi linge, vêtements, chaussures, conserves alimentaires, cigarettes, parfums… Kitty Hart, une rescapée d'Auschwitz, était employée dans l'équipe de nuit au baraquement des vêtements de femmes : « J'étais désormais en mesure de mettre chaque jour du linge propre, des vêtements et des souliers neufs […]. Nous allions nous allonger sur l'herbe devant notre baraque pour prendre des bains de soleil […]. Tout autour de nous, des hurlements de mort, l'extermination, les cheminées qui noircissaient et empestaient l'air avec la suie et la puanteur des cadavres brûlés. »

À Auschwitz, on ne dit pas « voler » mais « organiser ». Mandl, Grese, mais aussi les *Aufseherinnen* de moindre acabit profitent largement de cette manne et c'est ainsi que la Chienne d'Auschwitz a pu amasser dans sa chambre une impressionnante collection de parfums de marque dont elle s'inonde chaque jour. Pour ce faire, les déportées affectées au tri du « Canada » sont chargées d'accorder une attention particulière aux valises parisiennes de belle facture qui procurent à leur tortionnaire de la fine lingerie à la mode et des chaussures élégantes.

Bergen-Belsen

À l'approche de l'Armée rouge, le camp de concentration d'Auschwitz est démantelé dans les premiers jours de janvier 1945. Grese escorte un convoi de déportées jusqu'à Ravensbrück avant d'être affectée au camp de concentration de Bergen-Belsen, en Basse-Saxe. Pour elle comme pour beaucoup d'autres, la guerre n'est pas finie. Elle ne saurait en rabattre dans sa férocité et rejoint en cela le commandant SS du camp, Josef Kramer, qui a précédemment sévi à Auschwitz ainsi qu'au camp du Struthof, en Alsace. Dans sa nouvelle affectation, il est surnommé « la Bête de Belsen ».

À cet ultime stade de la guerre, dans un Reich à l'agonie mais qui n'entend pas lâcher ses concentrationnaires, le camp de Bergen-Belsen est dans un état indescriptible. À la désorganisation générale, au manque d'eau et de vivres, au surpeuplement dû à l'évacuation des camps de Pologne, s'ajoute une terrible épidémie de typhus véhiculée par les poux. Le taux de mortalité est passé de 240 par jour au début de 1945 à 1000 en avril. Les survivants n'ont plus la force de transporter les cadavres vers les fosses communes, hâtivement ouvertes. La famine provoque de nombreux cas de cannibalisme.

Lorsque les troupes britanniques libèrent le camp, le 15 avril 1945, elles découvrent avec stupéfaction et horreur un amoncellement de 13 000 cadavres non inhumés ; 85 % des survivants sont atteints du typhus et l'épidémie va continuer pendant plusieurs semaines, en dépit des efforts des services médicaux. Il faut attendre le 20 mai pour que le camp puisse être totalement évacué et livré aux flammes.

Sur les 77 SS et *Aufseherinnen* de Bergen-Belsen, 44 sont arrêtés. Grese est du nombre. Les autres se sont enfuis avant la libération du camp. Prisonniers et prisonnières sont astreints à enterrer les cadavres morts du typhus. Tous vont être jugés pour crimes de guerre dans le premier des procès des camps de concentration qui vont juger au total 1672 accusés.

Celui-ci, avec des juges britanniques, s'ouvre le 17 septembre 1945 à Lunebourg, là où le 23 mai Himmler s'est suicidé. Le principal accusé est bien entendu Kramer mais celles qu'on appelle « les femmes SS » retiennent l'attention des juges et plus encore des deux cents journalistes et observateurs internationaux. Les *Movietone News* filment l'événement. Le monde entier est invité à découvrir l'horreur des camps de concentration.

La Chienne d'Auschwitz est photographiée dans une petite cour de la prison à côté de Kramer : jupe à carreaux, gilet de laine gris sans manches sur un chemisier blanc, bottes noires impeccablement cirées, cheveux blonds mi-longs tirés en arrière et regard de pierre… Assise au premier rang des accusées, elle porte le numéro 9. À côté d'elle, Elisabeth Volkenrath et Juana Bormann qui se sont distinguées elles aussi à Auschwitz avant de se retrouver à Bergen-Belsen. Il y a là également Herta Bothe, surnommée « la Sadique de Stutthof » (près de Dantzig).

Soucieux d'éviter tout ce qui pourrait faire penser à un procès collectif, les juges s'appliquent, non sans mal, à individualiser les chefs d'accusation. Grese est décrite « comme la plus redoutable des femmes de tout le camp. Il n'y a aucune atrocité dans tout le camp avec laquelle elle n'est pas liée. Elle a régulièrement participé aux sélections pour la chambre à gaz et a torturé des prisonnières pour son propre plaisir ». Des témoins défilent. Une survivante d'Auschwitz lui crie : « Maintenant c'est à notre tour de vous haïr et de crier vengeance […]. Je n'oublierai jamais la terreur que vous inspiriez ! »

Comme les autres accusés, Grese plaide non coupable. Elle ne reconnaît que le fouet, mais dans un usage mesuré et nécessaire pour maintenir l'ordre parmi des « éléments antisociaux ». Elle nie tout sadisme et toute participation active aux sélections. Au demeurant, elle parle peu et fait preuve de son impassibilité coutumière. C'est son avocat, un major britannique, qui entonne le couplet bientôt classique de l'obéissance aux ordres et du nazisme seul coupable.

Au 54e jour du procès, le 17 novembre 1945, les verdicts tombent : onze condamnations à mort dont trois femmes – Grese, Bormann et Volkenrath –, dix-neuf autres jugés coupables et condamnés à diverses peines de prison et quatorze acquittements. La presse internationale estime les verdicts trop cléments.

Irma Grese est transférée avec les autres condamnés à mort à la prison de Hamelin, en Westphalie. La ville est connue pour sa légende médiévale du joueur de flûte, au son de laquelle il débarrassa la cité de ses rats en les noyant dans la Weser. La prison – aujourd'hui un hôtel ! – va devenir célèbre à son tour, pour l'exécution par pendaison de près de deux cents criminels de guerre, de décembre 1945 à décembre 1949.

Une salle d'exécution a été édifiée à l'intérieur de la prison et on a fait venir de Londres le bourreau en chef,

Albert Pierrepoint. Il s'agit de ne pas donner à ces pendaisons des allures d'exécutions sommaires.

La salle donne directement sur le couloir des cellules, d'où l'on peut entendre le terrible bruit de la trappe qui s'ouvre, suivi de celui du corps brusquement arrêté dans sa chute. On a décidé que les femmes passeraient d'abord et en premier la plus jeune, Irma Grese, 22 ans. On a également décidé que les trois femmes seraient pendues une par une et les huit hommes deux par deux, chaque exécution à une demi-heure d'intervalle. La veille, Pierrepoint a fait peser chaque condamné afin de déterminer pour chacun la longueur de la corde.

Le 13 décembre 1945 à 9 heures, le bourreau se présente devant la cellule de Grese escorté du brigadier-chef et de deux soldats. On ouvre : « Suivez-moi », intime Pierrepoint. Silencieuse, Grese marche sur ses talons jusqu'à l'échafaud et se place très exactement à l'endroit marqué d'une croix à la craie d'où elle va plonger dans le néant. Lorsque le bourreau lui lie les mains derrière le dos et lui enfouit la tête dans une cagoule blanche avant de lui passer la corde au cou, elle n'a qu'un mot : « *Schnell !* »

LA SORCIÈRE DE BUCHENWALD

Par Matthieu Frachon

Ilse Koch
(1906-1967)

C'est une icône du mal, une projection de fantasmes morbides, une figure de la monstruosité. Ilse Koch représente tout cela, et bien plus encore. Elle est la femme nazie la plus connue, celle sur laquelle on modèle la statue de l'horreur. Bien loin des pâles « épouses de » comme Martha Goebbels ou Eva Braun, elle joue dans la même cour que les tortionnaires mâles en uniforme. Mais qui était-elle ? Quelle est l'histoire de cette femme, monstrueuse selon les uns, plus complexe qu'il n'y paraît selon les autres ?

Elle naît Ilse Margarete Köhler le 22 septembre 1906 à Dresde. Son père Max est chef d'atelier, sa mère Anna, femme au foyer. Un foyer dont elle est le troisième enfant, la petite dernière. Papa Köhler appartient à la classe moyenne, son rang de chef d'atelier fait de lui un représentant de l'aristocratie ouvrière. L'enfance d'Ilse est ordinaire dans une époque extraordinaire. Elle traverse la Première Guerre mondiale, quand toute l'Allemagne a faim, soumise aux privations du blocus. Puis elle voit son pays s'effondrer en quelques semaines. La classe moyenne souffre au lendemain de la paix, l'Allemagne est à genoux, la crise économique et politique est là, il faut survivre. Promise à une vie bien terne, Ilse quitte l'école traditionnelle à 13 ans en 1919, pour suivre une formation professionnelle commerciale.

À 15 ans, elle se lance dans la vie active. L'Allemagne de cette année 1921 est au bord du gouffre, entre tentation communiste et coup d'État militaire. Ilse est employée comme sténotypiste dans des firmes de Dresde qui périclitent ou la licencient au gré de la situation économique.

En 1927, elle part pour Berlin ; l'économie se redresse, la capitale offre davantage de perspectives. La même année, un ancien détenu, libéré après avoir fomenté un putsch, réorganise une formation politique jugée « finie » et « sans avenir » dans un article du quotidien britannique *The Times* sur les élections locales en Allemagne. L'homme se nomme Adolf Hitler et sa formation, le Parti national-socialiste, « nazi » en abrégé. Le journal se montre admiratif des « talents oratoires de M. Hitler » qu'il estime toutefois « trop caricatural pour avoir un quelconque futur politique »…

Or, en 1929, tout change pour l'Allemagne. Les États-Unis connaissent le pire krach financier de leur histoire. La déroute boursière du 24 octobre 1929, le « Jeudi noir », se transforme en crise économique. Le gouvernement américain exige de l'Allemagne le remboursement immédiat des emprunts consentis par Washington.

L'économie allemande s'écroule, le mark ne vaut plus rien, les licenciements et les expulsions se multiplient. On ne réimprime plus de nouveaux billets, on se contente d'un coup de tampon sur les anciens pour afficher leur délirante valeur faciale : des coupures d'un million, puis un milliard de marks qui ne permettent pas même de payer un morceau de pain !

Les partis qui promettent des lendemains meilleurs et désignent des coupables redeviennent populaires. À Berlin, Ilse a perdu son travail, elle est en colère. Dans une lettre qu'elle adresse à une amie en 1930, elle accuse « un juif » de l'avoir licenciée avant de « fuir à l'étranger ». Elle a 24 ans et les idées nationales-socialistes la séduisent ; elle fréquente les cercles nazis à Berlin et à Dresde. Le 2 avril 1932, elle franchit le pas et signe son engagement au sein du parti. Cette adhésion se double d'un emploi de secrétariat au sein du Parti national-socialiste : Ilse peut ainsi affirmer ses convictions politiques et avoir un travail stable, une denrée rare dans l'Allemagne en crise.

Karli et Pimpfii

En 1934, Ilse fait la rencontre de sa vie. À Dresde, elle remarque un jeune cadre du parti, Karl Otto Koch. Né le 2 août 1897, il est issu d'une famille ouvrière aussi nombreuse que recomposée. En 1916, il s'engage et rejoint le front en Artois. Sa guerre est quelconque, il reçoit la Croix de fer de bronze, une décoration ordinaire. Mais l'homme se révélera aussi ambitieux que prêt à tout. Quand Ilse fait la connaissance de Karl Otto, le Parti nazi accomplit une mue idéologique profonde. Hitler commence à se débarrasser des SA, ces « sections d'assaut » qui lui ont permis de conquérir le pouvoir. Les SS, « services de sécurité », supplantent les SA, et Koch est un SS. Entre Ilse et l'officier SS, l'attirance est immédiate. Elle porte l'uniforme des auxiliaires féminines du Parti nazi, il arbore la tenue noire des troupes spéciales, avec la *Totenkopf,* tête de mort, sur la casquette.

C'est un couple libre qui se forme. Karl Otto est divorcé, il est en pleine ascension et travaille dans la région de Dresde. Ils s'écrivent des lettres très explicites signées « Karli » et « Pimpfii ». Dotée d'une belle chevelure rousse, le visage encore fin, la poitrine imposante, les yeux verts, « Pimpfii » se révèle plus charnelle, plus maîtresse que fiancée modèle espérant son prince.

« Karli » est tout à son ambition : il a été remarqué par le grand patron, Heinrich Himmler, le tout-puissant chef de la SS. Koch représente exactement ce dont l'unité paramilitaire a besoin : ancien combattant, il n'ignore rien de la discipline et de l'instruction militaires, il est dénué de scrupules, il a connu la misère et se montre prêt à tout pour s'élever. D'abord formateur, il encadre quelques unités, puis entre au service de la machine de mort nazie, le service des KZ, les camps de travail. L'inspecteur général des KZ et théoricien des camps de concentration, Theodor Eicke, distingue Karl Koch et le promeut. Koch est le prototype même du « soldat politique », à la fois SS historique – il a rejoint ses rangs en 1931 – et ancien combattant expérimenté.

Koch ne grimpe pas les échelons, il les escalade. « National-socialiste convaincu, Koch est un homme de devoir exceptionnel : son comportement pendant et hors du service est irréprochable », affirme dans un rapport Theodor Eicke. En 1936, il est le fiancé officiel d'Ilse et l'homme des coups durs, capable de remettre de l'ordre dans un camp où les évasions se sont succédé. Lors des Jeux olympiques de 1936, la presse est invitée à visiter le camp modèle de Sachsenhausen : le commandant Koch exhibe à loisir sa jeune fiancée qui porte si bien l'uniforme et récite le bréviaire nazi à merveille.

Rousse walkyrie

Le 29 mai 1937, Karl épouse Ilse à Sachsenhausen, dans la maison de l'inspecteur général Eicke, en présence de Himmler. Le mariage, célébré selon les rites SS, fait entrer Ilse dans la grande famille des dignitaires nazis. Lui, caricaturant les grands officiers aristocrates prussiens, et elle, parfaite Allemande bien charpentée, à la chevelure de feu et aux yeux clairs… Ils sont exemplaires, et dévorés par l'ambition. En juillet 1937, Théodor Eicke confie à Koch la plus importante mission de sa carrière : construire puis diriger le camp de Buchenwald !

Situé sur une colline à proximité de la ville de Weimar, capitale éphémère de la République allemande après la Première Guerre, Buchenwald doit être le modèle du KZ. Le camp doit allier efficacité du travail produit, brutalité et rééducation des ennemis du Reich. Le commandement du camp signifie surtout, pour le couple Koch, un enrichissement extraordinaire. Le nouveau commandant laisse à Ilse le soin de superviser la construction de leur logement. Le budget très confortable de 400 000 Reichmarks, soit plus de deux millions d'euros, est dépassé. La villa va coûter 500 000 Reichmarks. Expert en administration, Karl fait truquer les comptes et Ilse a le champ libre pour afficher son nouveau statut social. La « Kommandante », comme la surnommeront plus tard les prisonniers français, s'offre un manège équestre et étale son opulence. À son entrée dans les lieux, elle ordonne que l'on brûle toute son ancienne garde-robe et fait venir de Berlin ses nouveaux vêtements.

Karl n'est pas en reste et imprime sa marque. Ainsi, à l'entrée du camp, la devise officielle de fer forgée, *Arbeit macht frei*, « le travail rend libre », est remplacée par une autre sentence concoctée par le maître des lieux : *Jedem das Seine,* « à chacun son dû » ! Buchenwald est un camp de travail, pas un camp d'extermination comme Birkenau à Auschwitz. Les criminels de droit commun y côtoient les détenus politiques. À ceux-ci viendront s'ajouter les prisonniers de guerre à partir de 1940. Karl Koch veille à ce que les droits communs aient les meilleurs postes parmi les détenus. Ainsi, il peut contrôler le camp en s'appuyant sur ces hommes prêts à tout et sans idéaux. L'inauguration de Buchenwald se fait en présence d'Heinrich Himmler qui trouve le travail accompli « remarquable ».

À Buchenwald, dans les petites villas réservées aux SS, la vie ressemble à celle d'un quartier résidentiel où règne le bon voisinage. La « Kamaraderie SS » est le ciment de ce monde où l'opulence et le mauvais goût se disputent la première place. Ilse donne trois enfants à Karl : Artwin en 1938, Gisela en 1939 et Gudrun qui meurt peu après sa naissance en 1940. Le samedi, laissant les enfants à la garde des domestiques, le couple prend sa BMW décapotable et part en promenade. Les loisirs singent ceux de l'ancienne aristocratie prussienne : escrime, équitation, concours canins, piano pour les enfants… Avec sa nuque rasée et ses bottes impeccablement cirées, Karl Koch se donne des allures guerrières ; Ilse aime les robes printanières, les chapeaux, mais adore sa tenue d'équitation.

C'est à cheval que se révèle la noirceur de la rousse walkyrie. Elle a en personne supervisé la construction du manège, qui a coûté la vie à des dizaines de prisonniers, sommés de travailler plus vite, punis, tués à la tâche. Sur son destrier, elle parcourt les allées du camp, en fait son champ d'équitation. Avec ses bottes et sa cravache, elle est la figure de l'amazone SS. Qu'un prisonnier la regarde et elle arrête sa monture :

« Chien, baisse les yeux ! »

Elle désigne le malheureux à un garde qui l'emmène vers le baraquement où les SS interrogent les prisonniers politiques. Plus tard, l'homme est battu devant ses camarades ou exécuté. Ilse est au premier rang à chaque brimade, à chaque pendaison, et elle applaudit et encourage les bourreaux. Dans le camp, les prisonniers font vite passer le message : il vaut mieux se cacher et risquer une punition que de croiser la « Kommandante » sur son cheval. Lorsque le vent amène au camp une odeur d'écurie, ou que retentit le pas de la monture, chacun s'esquive. Malheur à qui croise sa route.

Les histoires les plus horribles se répandent. Ilse est folle de sexe, nymphomane au dernier degré. Elle oblige certains prisonniers à coucher avec elle, puis les fait exécuter ensuite. Karl serait voyeur… Le couple affiche la même sexualité débridée et libérée qu'avant le mariage. Monsieur a des maîtresses, madame a des amants. Madame aime surtout dénoncer les prisonniers, les faire punir, demander les châtiments les plus cruels. Monsieur règne en véritable parrain du camp : « Porcs, sous-hommes, vous n'êtes pas dignes de vivre sur la terre allemande », s'écrie-t-il à l'arrivée de chaque convoi. Ilse veille sur tout ce qui pourrait nuire à son « Karli ». Elle dénonce les SS qui manquent de rigueur morale, veille à ce qu'une discipline de fer soit respectée. Elle écarte les potentiels dangers : ainsi, le mariage d'un officier SS plus ancien dans le parti que Karl est suspendu, à sa demande, deux heures à peine avant la cérémonie. Marié, l'homme pourrait prétendre évincer son Kommandant, ce qui signifierait la déchéance.

Ilse va de plus en plus loin, on colporte de plus en plus d'histoires sur son compte. Elle s'exhiberait nue dans son jardin, se serait fait prendre dans l'écurie par un prisonnier à qui elle aurait fait écraser la tête avec un rocher par un garde. On commence à évoquer une mystérieuse collection d'objets en peau humaine tannée : un fétichisme des tatouages assouvi grâce au médecin du camp, par ailleurs son amant. Mais le vent tourne pour Karl et sa femme, l'orage gronde.

La « bande Koch »

Le 22 juin 1941, l'Allemagne envahit la Russie. Il est vital pour le Reich que les camps de travail fonctionnent à plein régime et que la main-d'œuvre gratuite soit parfaitement exploitée. Mais on meurt trop à Buchenwald, et parfois de manière inexpliquée. Entre 1937 et 1941, plus de cinq mille prisonniers sont morts, ce qui fait de Buchenwald le camp de travail où le taux de mortalité est le plus élevé de tout le Reich. Certains SS se plaignent de la discipline inflexible du Kommandant, de ses humiliations. Comme lorsqu'il fait distribuer aux uns des enveloppes avec de l'argent et aux autres des enveloppes vides.

Avec l'aide d'Ilse et de ses adjoints, Karl Koch a mis en place un vaste système de trafic et de corruption. Il détourne des marchandises, alimente le marché noir, met le camp sous la coupe des SS les plus corrompus et des prisonniers de droit commun. Le procureur pour la SS, alerté par son représentant à Buchenwald, ordonne une enquête. Le 17 décembre 1941, Josias von Waldeck-Pyrmont convoque le Kommandant Koch à Kassel. Le procureur lui montre la double comptabilité du camp, les registres falsifiés. Karl ne nie rien, reconnaît les faits ; von Waldeck-Pyrmont le fait arrêter et conduire à Weimar au siège de la Gestapo. La chute du Kommandant de Buchenwald semble inéluctable.

C'est compter sans Ilse ! À peine apprend-elle l'arrestation de son « Karli » qu'elle téléphone aux deux têtes de la SS, Heinrich Himmler et Reinhard Heydrich. Himmler ordonne aussitôt la libération de son protégé et promulgue un décret stipulant qu'un SS ne peut être arrêté sans l'autorisation du chef de la SS, c'est-à-dire lui-même. Le procureur est désavoué, Himmler lui passe un savon des plus insultants et Koch se trouve promu à la direction du camp de Lublin, futur camp d'extermination de Majdanek. Il est protégé par les plus hautes sphères. Oswald Pohl, chef de l'administration économique SS, lui écrit : « Je me mettrais devant vous pour vous protéger si une nouvelle fois un juriste sans travail tentait de poser ses mains de bourreau sur votre corps immaculé. »

À Majdanek, Koch dirige la construction du futur complexe d'extermination. Ilse le rejoint, ainsi que quelques membres de sa bande de pillards. Madame fait profil bas et monsieur se montre plus prudent. Mais là encore, Ilse chevauche et provoque les prisonniers en s'exhibant sans sous-vêtements, en assistant aux punitions.

Obstinément, le procureur von Waldeck-Pyrmont poursuit son enquête. En 1943, son dossier est si solide que Himmler doit lâcher son protégé. Karl et Ilse Koch sont arrêtés. En septembre 1944, s'ouvre le procès de la « bande Koch ». Ilse est accusée de détournements de fonds, d'incitations au meurtre, de brutalités et de meurtres. Le 18 décembre, le tribunal condamne Karl Koch à la peine de mort mais acquitte Ilse. Le 5 avril 1945, le commandant déchu est passé par les armes à Buchenwald et son corps est incinéré. Après la capitulation, Ilse, qui s'est réfugiée avec ses enfants dans la banlieue de Stuttgart, est arrêtée par les Américains.

L'affaire des peaux humaines

Le procès de Buchenwald s'ouvre en 1947. Le terrible commandant Koch est mort, mais il reste « sa chienne », la « sorcière », et les témoignages affluent.

Les détenus survivants décrivent les provocations d'Ilse, les orgies dans la villa Koch, les fameuses sorties équestres de madame, ses tenues… Sur la table des pièces à convictions, d'horribles objets sont exposés : un abat-jour en peau humaine, une tête réduite servant de presse-papiers, des lambeaux de peau tatouée et tannée dans un album. Un survivant affirme : « Elle faisait mettre nu les prisonniers et sélectionnait ceux qui étaient tatoués. Si l'un lui plaisait, elle l'emmenait chez elle. Mais on ne revoyait plus jamais ces hommes. » Seul bémol à ce témoignage, l'homme qui le porte était détenu à Auschwitz, où Ilse n'a jamais mis les pieds. Les juges du tribunal doivent faire la part du fantasme et de la réalité, des histoires rapportées et des témoignages directs. L'affaire des peaux humaines est difficilement imputable à Ilse : les objets n'ont pas été retrouvés dans la « villa Koch », elle n'avait pas autorité pour rassembler et sélectionner les prisonniers, et le règlement SS interdisait ces pratiques jugées « obscènes » sauf pour « expérimentation médicale ». Qu'importe, pour la presse, Ilse est « la sorcière de Buchenwald ». Les photographes se focalisent sur elle. Elle a 41 ans, son visage s'est empâté, ses traits sont grossiers, mais il reste sa chevelure rousse et son regard dur, métallique. Elle est enceinte d'un gardien de prison, ce qui ajoute une touche à son caractère « immoral et dépravé », selon les mots de l'expert-psychiatre.

Le 12 août 1947, Ilse est condamnée à la détention perpétuelle, les vingt-deux autres accusés sont condamnés à mort. Le *Washington Post* s'en étonne et stigmatise « la rousse veuve de l'ancien commandant du camp, collectionneuse de peaux tatouées ». Des faits que le tribunal a écartés, mais que la légende va retenir.

Sa libération au bout de quatre ans provoque un scandale, elle est remise aux mains de la justice allemande. Elle comparaît à Augsbourg, dans la zone d'occupation soviétique. Son procès est celui de la bourgeoisie décadente, du fascisme et de la femme dépravée. Le procureur est-allemand se met à hurler : « Vous êtes un démon pervers, nymphomane, hystérique et fou de pouvoir. »

De nouveau condamnée à perpétuité et incarcérée, elle se suicide par pendaison dans sa cellule le 2 septembre 1967.

Mais Ilse acquiert une célébrité morbide. L'artiste berlinoise Valeska Gert, revenue d'exil, présente un monologue antinazi juste après la guerre : *Ilse Koch*. Le célèbre auteur-compositeur Woody Guthrie en fait une chanson. Puis c'est la littérature populaire qui s'empare du personnage. Livres, bandes dessinées « pour adultes », films : jusqu'à la fin des années 1970, on ne compte plus les *Elsa, la louve des SS* ou *Ilse, Fräulein SS*… Devenue par la grâce de la fiction une icône du sadisme et de la nymphomanie, Ilse Koch ne fut que le reflet hideux d'une époque et d'une société où le pire du genre humain avait le pouvoir.

LA PRÊTRESSE D'HITLER

Par Christophe Bourseiller

MEIN KAMPF

Savitri Devi
(1905-1982)

1980… Il est minuit dans New Delhi désert. À cette heure, les sans-abri endormis peuplent les rues de la cité indienne. Mais voici que surgit la plus étrange des motardes. Vêtue d'un sari orange et dépourvue de casque, la créature sillonne la ville à vive allure. Sur le porte-bagages de sa mobylette, un sac déborde de victuailles. Va-t-elle les distribuer aux miséreux allongés à même le sol ? Pas du tout… Cette amoureuse des animaux n'a qu'un but : nourrir les chats. Mère Teresa de la gent féline, elle a décidé de sauver les chats, et seulement les chats, de la famine.

La motarde orange est en réalité un personnage incroyable, qu'aucun romancier n'aurait osé inventer. Jusqu'à sa mort en 1982, elle n'a soigné que les chats… et les nazis. Cette femme a ouvert un ashram en Inde visant à accueillir, non pas les Occidentaux fascinés par les gourous plus ou moins authentiques, mais les pires défenseurs d'Adolf Hitler. Elle se nomme Savitri Devi. Sa vie se confond avec l'histoire du néonazisme international. Mieux encore : cette femme qui toute sa vie parcourut le monde pour prêcher le nazisme est née Française.

« Déesse des rayons du soleil »

Savitri Devi se nomme en réalité Maximiani Portas. Elle naît à Lyon le 30 septembre 1905, d'un père italo-grec, Maxime Portas, et d'une mère anglaise nommée Julia Nash. Sa venue au monde est difficile. Le nourrisson est prématuré. Sa survie relève du miracle. C'est du moins ce que croit la petite fille. Elle se sent différente des autres. Enfant, elle est éduquée par ses parents dans le végétarisme.

Adolescente, elle a tous les traits d'une bobo avant l'heure. Amie des animaux, elle prône une alimentation bio, milite contre le tabac et l'alcool, prêche en définitive le retour à la nature. Elle poursuit à Lyon des études de philosophie, puis de chimie. D'origine grecque par son père, elle visite les temples hellènes. La tradition gréco-romaine la fascine.

Un événement modifie alors sa vision du monde. Elle découvre le nazisme en 1928. Lorsque *Mein Kampf* est traduit en français, en 1934, le texte devient son bréviaire. Savitri Devi est ainsi, en quelque sorte, une nazie de la première heure. Sous l'influence de son père, elle renonce par ailleurs à la citoyenneté française pour devenir Grecque.Elle souhaite par là se rapprocher d'une mythique tradition aryenne qui plongerait ses racines dans la Grèce antique.

La jeune femme multiplie les voyages. Elle se rend en Palestine en 1929 ; la présence de communautés juives à

Jérusalem la révulse. Elle préfère la Grèce, qu'elle arpente de fond en comble. Ce qui la fascine, c'est l'Hellade mythique d'Athènes et de Sparte. Durant l'un de ses périples, elle découvre des swastikas sur un temple d'Anatolie. Bon sang, mais c'est bien sûr ! Hitler n'est à ses yeux qu'un continuateur de Sparte.

Fervente admiratrice des nazis, elle décide d'étudier les racines aryennes du national-socialisme. Elle se rend pour la première fois en Inde en 1932. Pour elle, c'est un choc. Elle tombe amoureuse du sous-continent et de sa culture. Sans attendre, cette catholique se convertit à l'hindouisme. Le choc de la conversion s'accompagne-t-il d'un ébranlement psychique ? Elle change brusquement de nom. Maximiani Portas devient Savitri Devi. Au vrai, elle aurait pu choisir un patronyme plus modeste… *Savitri Devi* désigne en sanskrit la « déesse des rayons du soleil ».

Bien qu'elle ait renoncé à la nationalité française, elle réside à Montbrison, dans la région de Lyon. On lui doit, dans les années 1930, deux ouvrages académiques, qu'elle signe sous le nom de Maximine Portas, dont *La Simplicité mathématique*, parue en 1935.

Mais la déesse décide d'émigrer définitivement en Inde. Ce souhait d'installation durable s'explique par une liaison amoureuse. La jeune femme vient de rencontrer son âme sœur en la personne d'un certain Asit Krishna Mukherji.

Ce n'est pas n'importe qui : il s'agit d'un brahmane bengali de belle descendance, appartenant à la première caste sacerdotale hindoue. La société indienne, très hiérarchisée, est divisée en castes étanches et séparées. Mukherji appartient de ce fait à l'aristocratie indienne. Nationaliste hindou radical et fervent admirateur d'Adolf Hitler, il édite grâce aux deniers allemands un bimensuel de propagande nommé *New Mercury* (« Le Nouveau Mercure »), jusqu'à son interdiction en 1937. Mukherji tente d'opérer une synthèse entre vision hindoue et préceptes nazis. Qu'Hitler utilise la croix gammée le fascine au plus haut point, les hindous considérant justement le swastika comme un symbole de la divinité. Mukherji crée par la suite, avec l'aide de l'ambassade du Japon, le magazine *The Eastern Economist* (« L'Économiste oriental »).

Savitri Devi s'accorde en tout point avec Mukherji. À son instigation, elle obtient un emploi à la Mission hindoue, un organisme qui vise à répandre l'hindouisme pour contrer la montée de l'islam. Elle s'emploie surtout à convaincre les Occidentaux des bienfaits de la religion hindoue, tout en stigmatisant le christianisme et le judaïsme. Elle milite en parallèle pour l'indépendance de l'Inde et s'insère dans la mouvance nationaliste.

Quand éclate la Seconde Guerre mondiale, Savitri Devi choisit son camp sans hésiter. Son champion est Adolf Hitler.

Mais en France, sa mère, Julia Nash, ne l'entend pas de cette oreille. Antinazie de la première heure, elle devient résistante. Les deux femmes se brouillent, définitivement.

En 1940, Savitri Devi épouse officiellement Asit Krishna Mukherji. S'agit-il d'un mariage d'amour ? Pas tout à fait. Connue pour ses opinions nationales-socialistes, elle risque désormais l'internement, l'Inde appartenant à cette période à l'Empire britannique. En épousant un Indien, elle acquiert un passeport britannique, ce qui lui permet d'échapper à toute poursuite.

Savitri Devi, qui parle parfaitement anglais, commence dès lors à travailler pour le Renseignement allemand. Elle est notamment chargée de collecter des informations sur la présence militaire alliée en Inde. Elle organise par ailleurs une rencontre secrète entre le leader nationaliste indien Subhas Chandra Bose et des émissaires de l'empire du Japon. Chandra Bose dirige l'Armée nationale indienne. Soutenu par les nazis, il organise une guérilla indépendantiste contre les Anglais.

Le couple multiplie les réceptions et les dîners mondains, dans le seul but de séduire et de faire parler les diplomates alliés. Il travaille en réalité non seulement pour le Reich, mais encore pour les Japonais, qu'il abreuve d'informations stratégiques. Il bénéficie bien évidemment des subsides de l'ambassade d'Allemagne.

Mais le vent tourne… Les troupes allemandes, puis japonaises, mordent la poussière. Savitri Devi ne souffre nullement de la guerre ni de ses privations : en Inde, elle mène une vie luxueuse. Mais elle ressent la défaite d'Adolf Hitler, en 1945, comme un véritable drame métaphysique. La fin du national-socialisme, c'est la fin du monde. Pourtant, elle ne veut pas croire qu'un tel « rêve de fer » puisse s'achever dans les ruines de Berlin. Hitler est un dieu. Comment pourrait-il mourir ? Elle bout, elle trépigne. Il lui faut revenir en Europe au plus vite. Peut-on par miracle regrouper les forces nazies éparpillées sur le continent et lancer une contre-offensive inattendue ?

Sous le nom de « Savitri Devi Mukherji », qui figure sur son passeport britannique, elle débarque sur le Vieux Continent en septembre 1945. C'est un peu tard, mais on l'aperçoit en Irlande, en France, en Islande, en Suède… Elle ne se contente pas de faire du tourisme : partout, elle tente d'entrer en contact avec les anciens dignitaires nazis. Elle rencontre surtout l'explorateur suédois Sven Hedin. Ce chaud partisan des nazis est un fameux explorateur, qui a longuement visité le Tibet…

On perçoit l'étrange personnalité de Savitri Devi. D'un côté, elle défend la spiritualité hindoue et multiplie les voyages inspirés, à la façon d'une Alexandra David-Néel, grande exploratrice fascinée par l'Orient. De l'autre, elle apparaît comme une nazie fanatique, refusant la chute du Troisième Reich.

Le 15 juin 1948, elle se rend en Allemagne. En un acte dérisoire et désespéré, elle y distribue, dans la rue, des tracts nazis qu'elle a laborieusement recopiés de sa propre main. Elle devient dès lors une propagandiste du nazisme renaissant. Arrêtée par les autorités allemandes le 5 avril 1949, elle passe en jugement et écope de deux ans de prison. Incarcérée à la prison de Werl, elle a le bonheur d'y rencontrer nombre d'anciens hitlériens. Elle se lie notamment avec Herta Ehlert, une ex-gardienne de camp de concentration qui a officié à Bergen-Belsen, Ravensbrück, puis Auschwitz. Savitri Devi ne peut cacher son admiration.

Libérée au bout de huit mois, la Franco-Helléno-Indienne est expulsée d'Allemagne. Elle décide de se réinstaller à Lyon, qui devient sa base arrière. Grâce à un passeport grec, elle parvient toutefois à retourner en Allemagne en avril 1953 pour effectuer un « pèlerinage mystique », qui lui permet de visiter les hauts lieux du nazisme et de rencontrer des amis, des proches du Führer. C'est pour elle un voyage initiatique. De la ville natale d'Adolf Hitler, Braunau, à sa résidence de Berchtesgaden, en passant par le lieu de naissance du national-socialisme, Munich, et par la ville de Nuremberg, où se tinrent les plus grands rassemblements extatiques, elle prend la mesure de la défaite absolue de ses idées politiques. Ses plus chers camarades, les tortionnaires des camps, les commandants SS, tous croupissent dans des cellules quand ils n'ont pas été exécutés. Les monuments à la gloire d'Hitler ont été dynamités. Il ne reste rien. Rien que des ruines… Sur ces ruines, Savitri Devi décide de bâtir un temple mystique nazi…

Internationale néonazie

Elle élabore désormais une théorie fumeuse qui mêle hindouisme et nazisme. Elle l'explicite dans son manifeste, *The Lightning and the Sun* (« L'Éclair et le Soleil »), un livre ahurissant qui paraît pour la première fois en 1956, mais se trouve réimprimé à plusieurs reprises, dans le monde entier, par les mouvements néonazis. *The Lightning and the Sun* témoigne d'un nazisme délirant qui fait d'Hitler un saint homme et un dieu incarné. Avec cet ouvrage farci de photos à la gloire du Führer, Savitri Devi lance une religion, par laquelle Adolf Hitler est présenté comme une réincarnation du dieu Vishnou. On pourrait définir ce culte inédit comme un « aryo-hindouisme nazi ».

Hitler, un dieu plein de bonté, aimant les animaux et caressant les joues des enfants ? Tel est désormais le credo de la prêtresse. Grâce à son mari, Savitri Devi a beaucoup d'argent. Globetrotteuse fortunée, elle parcourt le monde à la recherche des criminels de guerre en fuite. Il ne s'agit pas de les traquer, mais de les féliciter, tout en essayant de construire avec eux une Internationale néonazie.

En 1956, elle fait la connaissance de Hans-Ulrich Rudel, qui fut le militaire allemand le plus décoré de la Seconde Guerre mondiale. Émigré en Argentine, Rudel y a fondé une puissante organisation d'entraide, le *Kameradenwerk*. Il est rentré en Allemagne en 1951. Fondateur d'un mouvement d'extrême droite, le *Freikorps Deutschland*, il a notamment désigné le chancelier allemand comme « le rabbin Adenauer ». Il n'a pas le droit de prendre la parole en public. Il entre dans le réseau de Savitri Devi.

La gouroue sillonne la planète brune. Elle se rend principalement au Moyen-Orient. En Égypte, elle rencontre Johann von Leers : nazi en fuite, connu pour son antisémitisme, il a lui aussi filé en Argentine où il a travaillé pour le journal germanophone nazi *Der Weg*. Pendant la guerre, Johann von Leers avait noué une solide amitié avec le grand mufti de Jérusalem. Par son entremise, il s'installe au Caire en 1955. En 1957, il se convertit à l'islam, sous le nom d'Omar Amin. C'est alors que Savitri Devi débarque. L'hindoue et le musulman, qui règne sur les réseaux néonazis du Moyen-Orient, nouent un dialogue baroque… La région devient l'une des terres de prédilection de Savitri Devi, qui multiplie les voyages militants pour entrer en relation avec les criminels recherchés. On la remarque à Beyrouth, Bagdad, Téhéran, Damas…

À la fin des années 1950, Savitri Devi décide de retourner en Inde. Installée à New Delhi, elle y crée une sorte de maison d'hôtes, qui devient un ashram accueillant les nazis en fuite. On y accomplit de troublants rituels. Après avoir psalmodié en sanskrit une invocation aux divinités védiques – *Aum Shivayam ! Aum Rudrayam !* –, on tend le bras pour scander *Heil, Hitler !*

Peu à peu, elle tisse sa toile… À Madrid, elle s'appuie notamment sur Otto Skorzeny. L'ancien SS s'est longtemps caché en Égypte, où il a structuré et organisé les premiers commandos palestiniens, pour le compte du président Nasser. Depuis Madrid, il coordonne les réseaux clandestins. Elle séjourne chez lui pendant six semaines. Aux yeux de la vestale, il incarne le héros nazi absolu. N'est-ce pas lui qui a libéré Benito Mussolini le 12 septembre 1943, alors que le leader de l'Italie fasciste était emprisonné par les Alliés ? Aidé de vingt SS, il réalisa à l'époque une mémorable opération commando. Connaît-elle pourtant son double visage ? Depuis la fin de la guerre, Otto Skorzeny est devenu un homme du renseignement. Il travaille pour la CIA. À partir des années 1960, il officie également pour le Mossad israélien. Sans doute ne se vante-t-il pas devant elle de ces activités secrètes…

Savitri Devi a la bougeotte. En 1960, elle revient en France, ce qui lui permet d'aller chaque été en Allemagne, se recueillir à Berchtesgaden, l'ancienne résidence du Führer. En août 1962, elle participe au camp international de Cotswold, dans le Gloucestershire, en Angleterre, durant lequel est fondée l'Union mondiale des nationaux-socialistes (la WUNS). Elle y fait la connaissance du chef du *National Socialist Movement* britannique, Colin Jordan, ainsi que du leader de l'*American Nazi Party*, George Lincoln Rockwell, qu'elle trouve absolument magique. Elle devient l'inspiratrice majeure du parti américain, ses écrits étant notamment publiés dans la revue *National Socialist World* (« Monde national-socialiste ») de William Pierce. L'*American Nazi Party* de Rockwell multiplie les défilés provocateurs, dans lesquels ses militants paradent dans un uniforme calqué sur celui des SA. La petite organisation regroupe un grand nombre de dérangés et de nazis délirants. Dans cette faune, Savitri Devi se sent à l'aise.

Elle devient également très proche de Françoise Dior, qui n'est autre que la nièce du couturier Christian Dior. Cette femme fortunée est une nazie convaincue, qui occupe un poste stratégique : « officier de liaison » de la WUNS en France. Savitri Devi, qui partage son amour pour Hitler, devient sa meilleure amie.

Quand Savitri Devi décide de prendre sa retraite en 1970, elle vient résider un temps dans la propriété de Françoise Dior, un ancien presbytère situé en Normandie. Cependant, sa personnalité fantasque finit par déranger la riche héritière. Constamment vêtue d'un sari orange, Savitri Devi refuse totalement de se laver. Elle ne consent à prendre un bain qu'une fois par mois. Par ailleurs, elle mâche de l'ail toute la journée : elle émet une odeur si insupportable que Françoise Dior se résout à expulser l'illuminée malodorante, qui rentre en Inde le 23 juin 1971. Savitri Devi retrouve sa demeure de New Delhi, où elle vit seule, avec un cobra et des dizaines de chats. Elle accueille cependant de nombreux invités, qui apprécient son hindouisme nazi : les néonazis anglais Colin Jordan et John Tyndall, le nazi américain Matt Koehl, ou le négationniste chilien Miguel Serrano figurent parmi ses proches.

Son ami le plus fidèle est l'Allemand Ernst Zündel. Émigré à Toronto, au Canada, après la guerre, Zündel se trouve à la tête d'un réseau de propagande national-socialiste nommé Samizdat Publishers. Sous le nom de Christof Friedrich, il édite de nombreux livres et brochures de propagande, parmi lesquels les ouvrages de Savitri Devi trônent en bonne place. Zündel et Devi ont un point commun : l'un et l'autre sont de parfaits délirants. Tandis que Savitri Devi est persuadée qu'Hitler est une figure divine du panthéon hindou, Ernst Zündel pense sérieusement que le Führer est encore vivant. Mieux encore : Hitler habite au pôle Sud. Cerise sur le gâteau : c'est lui qui a fait construire les soucoupes volantes, qui n'ont rien d'extraterrestre, puisqu'il s'agit d'armes secrètes nazies. Ainsi, Hitler et les nazis survolent la planète dans des soucoupes volantes frappées de la croix gammée… Poussant ce nazisme de bande dessinée jusque dans ses ultimes retranchements, Ernst Zündel lance en 1980 une souscription pour le moins originale. Il s'agit d'affréter un avion qui doit décoller de Buenos Aires pour se rendre au pôle Sud, dans le dessein d'obtenir une audience du Führer. Au dernier moment, l'avion ne part pas…

Savitri Devi soutient à fond Ernst Zündel. Elle lui souffle par ailleurs un message qui modifie ses perspectives : Hitler est beaucoup trop altruiste et généreux pour avoir perpétré un génocide. Donc, lui susurre-t-elle, « la Shoah n'a pas eu lieu »… On connaît le refrain négationniste. Ernst Zündel la croit sur parole ! Jusqu'à son décès, le 5 août 2017, il devient un infatigable propagandiste, niant l'existence du génocide.

Quant à Savitri Devi, elle demeure parfaitement improbable. Écologiste revendiquée, militante de la cause animale, végétarienne prosélyte, prônant la peine de mort pour les « viandards », protestant contre l'industrie de la fourrure, elle milite jusqu'au bout pour la cause hitlérienne.

Elle s'éteint le 22 octobre 1982, après une vie bien remplie de haine. Et ce n'est pas fini…

Ses cendres sont placées sur un autel situé au siège du Parti nazi américain, situé à Arlington, en Virginie. Les nazis du monde entier viennent depuis lors se prosterner devant l'urne funéraire.

Son culte d'Hitler inspire aujourd'hui de nombreux skinheads, activistes et satanistes répartis sur tout le globe, qui la considèrent comme une déesse. Sombre déesse…

LA VOLEUSE D'ENFANTS

Par Hélios Azoulay

Georgia Tann
(1891-1950)

Si, par un minuit lugubre, quelque part dans l'est du Mississippi, le hasard s'était chargé d'égarer vos phares sur ces quelques mots de bienvenue gentiment peints sur un grand panneau de bois…

Welcome to

HICKORY, MS.

THE LITTLE TOWN WITH A BIG ♥

FOUNDED IN 1860

C'est là qu'elle est enterrée. Au cimetière, un rectangle de pierre grise au sol s'ennuie à le préciser :

BEULAH GEORGE TANN

1891-1950

Elle gît près des siens. Une de ces familles du sud des États-Unis qui vit dans l'arrogante rancœur des perdants de la vieille guerre contre le Nord. Une famille *très comme il faut*. À angles droits. Ils sont quatre à reposer dans le même carré, sous le même gazon vert maussade, de la même mort qui prétend tout égaliser.

En plus d'elle, la fille, on a le père, George Tann. Arrogant comme un juge à la deuxième cour de la Chancellerie du Mississippi, il n'a pas souvent partagé le même lit que sa femme, mais on ne se fait pas enterrer avec ses maîtresses, et le feu magistrat est maintenant condamné à perpétuité d'oubli, côte à côte avec la mère, Beulah Tann. Un peu plus loin, le frère, Rob Roy, né trois ans avant sa sœur : vétéran de la Première Guerre mondiale, pauvre coquille choquée, tremblant jusqu'à la fin de sa vie. C'est un enfant adopté. Sa pierre ne le dit pas.

Des quelques photos qui témoignent de cette famille dessinée à l'équerre, les visages ne peuvent s'empêcher d'en raconter un peu plus. Sous les francs fusains de ses sourcils, les yeux du juge sont deux boulons d'orgueil fixés sur un horizon dont il se croit propriétaire. La moustache, blanc nuageux, est de taille à se salir au moment de la soupe. La mère, elle, fait sursauter. Elle a sur sa tronche un je-ne-sais-quoi de traviole qui vient démentir le masque de sa vertu méprisante. Au-dessus du coup de cutter de ses lèvres, s'aplatit un nez assujetti à ses lunettes. Une paire d'yeux desséchés lui confère une autorité de vieille institutrice qu'elle n'a pas manqué de léguer à sa fille.

Papa et Maman ont baptisé celle-ci de leurs deux prénoms à eux, Beulah George. Mais, préférant sans doute se débarrasser de sa mère, la fille se fait surnommer Georgia.

Comme Papa, presque. Et c'est sous ce nom, Georgia Tann, qu'elle reste aujourd'hui dans la petite histoire de la grande abjection.

Rob Roy, l'adopté, est le chouchou de Maman. Quant à Georgia, on la visse sur un tabouret de piano dès l'âge de 5 ans. *Do mi fa sol la sol fa mi, ré fa sol la si la sol fa, mi sol la si do si la sol*... Plusieurs heures par jour. Qu'elle le veuille ou non, elle sera pianiste. Le juge a parlé.

Enfin, puisque de la mère il n'y a rien à attendre, toute son enfance Georgia tente de faire baisser les yeux de son père vers elle. Mais l'honorable magistrat trimballe son ego comme son gros ventre le trimballe. Il ne se soucie pas le moins du monde de cette petite qui prétend lui traîner dans les pattes.

Enfants de pauvres

Cependant, Georgia est douée de l'art d'insister. Tant et tant que le père condescend de plus en plus régulièrement, une fois les gammes au piano éreintées, à emmener sa fille avec lui au tribunal.

C'est là qu'elle fait connaissance avec la misère et les vices de ce monde et, comme il est de travers, un juge semble grand, lui qui a le pouvoir de *redresser.*

C'est là surtout qu'elle voit d'autres enfants – des enfants de pauvres. Promenées d'hospice en asile et d'asile en hospice, ces pauvres brindilles tordues qui n'ont jamais vu un peigne la dégoûtent. D'autant que, lorsqu'aucune solution ne peut être trouvée dans l'immédiat, le juge Tann les amène à la maison, en attendant. Et Georgia, sans un mot, condamnée à ces frères et sœurs improvisés, ravale son dégoût.

C'est à 15 ans qu'elle échafaude ses premiers mauvais coups. Un jour où elle est de tribunal, son père doit à nouveau régler le sort d'un de ces troupeaux de gamins qu'elle déteste. Là, s'armant d'un culot extraordinaire, elle déploie dans les couloirs du palais de justice un argumentaire qui crève le cœur d'un riche couple du Mississippi. Les enfants sont adoptés sur-le-champ.

Quelque temps plus tard, son père est appelé en pleine nuit pour vérifier les dires et les délires d'une femme derrière les barreaux depuis quelques jours. En manque de morphine, dans un état lamentable, elle réclame sans cesse son « autre enfant ». Le juge Tann accepte de se rendre sur l'heure à son domicile afin de vérifier. Réveillée, Georgia qui n'avait plus à demander, monte dans la voiture. Depuis longtemps, elle est devenue la glaciale parodie de son père.

Arrivés sur place, ils trouvent en effet un bébé miraculeusement vivant sous un tas de loques et de serpillières. Bien obligés de le ramener à la maison. Le père demande à sa fille de nettoyer et de nourrir cette chose qui lui donne la nausée. Et Georgia doit obéir, fermer le couvercle de la haine que lui inspire ce tas de crasse et s'acquitter de cette corvée les lèvres serrées.

C'est décidé, elle détestera les pauvres. Et sera avocate. Comme Papa, presque.

Cependant, si son père accepte qu'elle apprenne les méandres du droit, il refuse définitivement qu'elle en fasse son métier. Du reste, elle est déjà trop *homme* dans son caractère, et tellement autoritaire que, entre eux, l'ambiance devient invivable.

Il avait dit le piano, ce sera le piano. Pour clore la discussion, il l'envoie perfectionner son art à mille kilomètres, au Martha Washington College, à Abingdon, Virginie.

Là-bas, malgré sa colère, elle est enfin débarrassée de l'autorité paternelle. Elle s'affirme. Arborant une chevelure effrontément courte, elle porte maintenant un pantalon de flanelle et affiche ouvertement l'homosexualité que ses parents refusaient de voir.

Elle a 22 ans quand elle obtient son diplôme de musique. Mais c'est la dernière concession qu'elle fait à son père. Une fois ce parchemin en poche, elle s'inscrit à la Columbia University, à New York. Le Sud est loin. Elle sera assistante sociale.

Corriger Dieu

Après ses études, Georgia revient finalement à Hickory pour se faire la main et, grâce au nom de son père, trouve sans difficulté un emploi à la *Mississippi Children's Home Society*. Son rôle consiste à placer des enfants abandonnés, orphelins ou retirés à leurs parents, dans des hospices.

Depuis toutes ces années, les pauvres, elle a appris à les haïr. Elle prétend qu'ils devraient cesser de se reproduire, qu'en fin de compte ce sont les classes supérieures de la société qui méritent ces enfants qui n'auraient pas dû naître, si Dieu faisait correctement son travail. Et c'est précisément ici que la démence trouve son point d'ancrage. Elle peut corriger Dieu. Voilà sa mission !

Elle n'a pas 30 ans quand elle vole ses premiers gamins. En 1922, elle attire un petit garçon dans sa voiture pendant que la mère, enceinte de son troisième, dort. Étourdie, inspirée par la facilité de ce qu'elle vient de réaliser, elle n'attend pas et retourne chercher le frère. Une fois chez elle, elle réussit à convaincre son père de déclarer la mère incapable de subvenir à l'éducation des deux enfants, permettant ainsi de les faire adopter.

Cependant, si Hickory est une cité étroite d'esprit, les habitants ne sont tout de même pas prêts à accepter cette histoire d'enlèvement qu'elle a la lamentable naïveté de raconter à ses proches. On la fait chasser de la ville.

Il ne reste à Monsieur le Juge qu'à avaler en silence son bol de honte.

Malheureusement, on ne contrarie pas aussi facilement les destins malades. En 1924, Georgia traverse la frontière de l'État et, après un détour par le Texas où elle adopte une petite June qui sera son souffre-douleur à domicile, elle s'installe dans le Tennessee, à Memphis. Deux cent mille habitants ! Ici, un enfant de plus ou un enfant de moins…

Georgia est aussitôt rejointe par sa compagne, Ann Hollinsworth. Elles s'étaient rencontrées chez des amis de la famille. Ann venait d'accoucher d'un fils, Jack.

Ann est subjuguée par Georgia. Par sa force de caractère, son indépendance. Elle l'aime de cet amour qui rend stupide, de cette stupidité qui rend aveugle, de cette cécité qui rend complice. Et jusqu'au bout – elle meurt presque un demi-siècle après Georgia –, derrière ses dents empruntées à un cheval, elle se laissa croire qu'elle avait vécu avec la femme la plus généreuse au monde.

L'ange gardien des enfants sans foyer

Loin d'Hickory, Georgia trouve rapidement un emploi de secrétaire exécutif dans une succursale de la *Tennessee Children's Home Society*. C'est la plus grande institution de l'État, avec des antennes à Jackson, Chattanooga et

Knoxville. Organisation à but non lucratif, jusque-là respectable : les couples adoptant versaient la somme symbolique de sept dollars.

Une fois en place, Georgia comprend instantanément le profit qu'elle peut tirer de sa position.

À l'époque, les thèses eugénistes se répandent dans la haute société américaine, et adopter un enfant issu d'une famille pauvre signifie salir sa lignée par une impureté de classe. Pour améliorer le rendement, Georgia décide donc de maquiller l'origine de sa marchandise. Et par simple falsification paperassière, faire de ces gamins miséreux des enfants nés dans de bonnes familles chrétiennes de la classe moyenne, tristement obligées d'abandonner leur progéniture à la suite de circonstances malheureuses. Ainsi purifié, l'article est acceptable par tous.

Dotée d'un incontestable talent mondain malgré ses allures de plouc, Georgia Tann devient très vite une figure de la *high society*. Les salauds ayant le talent de se reconnaître entre eux, elle devient même l'intime de l'ancien maire de Memphis, Edward Hull Crump, *The Boss*. On le surnomme ainsi parce qu'il dirige la ville. Ici rien ne se fait ni ne se défait sans lui.

À peine un an après son arrivée à Memphis, Georgia Tann gère dans l'État toutes les candidatures à l'adoption. La presse publie sa photo. Devenue « l'ange gardien des enfants sans foyer », parrainée par Crump, elle se rend partout. *Con vibrato*, elle se lance dans des discours qui font dégouliner les cœurs. Et toutes les riches dames de la ville fondent, et applaudissent en agitant leurs bijoux.

Le succès est exponentiel et la demande commence à excéder l'offre. Les enfants disponibles à l'orphelinat ne suffisent plus.

C'est alors que Crump lui présente ce qui manque à l'essor de son entreprise, un juge. C'est une femme, Camille Kelley ; elle préside le tribunal des Affaires familiales du comté de Shelby. Comme Papa, presque. Achetable, achetée, Kelley est séduite d'emblée par la *moralité* de Georgia, comme par son mépris des classes inférieures.

Permettant à sa nouvelle amie de venir faire son marché au tribunal, Kelley fournit à la *Tennessee Children's Home Society* des dizaines et des dizaines d'enfants que Georgia vient régulièrement sélectionner. Et quand cela ne suffit pas, l'honorable juge se rend en personne dans les autres orphelinats du comté, pour confisquer les enfants les plus mignons en brandissant un jugement du tribunal.

S'exportant en dehors des frontières de l'État, la petite entreprise de Georgia prend de l'essor. Souterrainement, elle se charge maintenant d'adoptions « en privé ». Celles-ci présentent l'intérêt d'accélérer le processus et ainsi de répondre plus vite au désir pressé de couples à fleur d'amour, et qui en ont les moyens. Auprès d'elle, un enfant se paye cinq mille dollars.

Elle engage deux complices, deux femmes, Alma Walton et Regina Warner. Toutes les trois semaines, la première se rend en Californie et la seconde à New York, avec quatre à six bébés qu'elles proposent à des couples fortunés, dans la clandestinité d'une chambre d'hôtel. C'est à prendre ou à laisser, et les futurs parents adoptifs font, sur-le-champ, un chèque pour une marchandise fournie avec des documents d'identité irréprochablement faux. En dix ans, de 1940 à 1950, elles placent ainsi trois mille enfants.

Âme de vautour

Les affaires ne s'arrêtent plus. Il faut encore plus de matière première. Georgia enrôle six « guetteuses » qui arpentent le pays afin d'enlever des enfants. En plein jour, circulant en voiture au sein des quartiers les plus misérables, elles réitèrent le scénario de rapt qui avait inauguré la carrière de leur patronne.

Georgia est riche, et ça ne suffit pas encore. Ayant acquis à sa cause plusieurs médecins et infirmières qu'elle soudoie, elle met en place le plus sordide de ses plans. Lorsqu'une pauvre femme célibataire accouche sous anesthésie, on lui annonce à son réveil que son enfant est mort-né. Et si l'accouchement doit se passer les yeux ouverts, les mêmes médecins prétendent le bébé malade, et, dans l'urgence, l'envoient à la *Tennessee Children's Home Society* pour des soins spéciaux. En sortant de l'hôpital, où on avait la générosité de les garder un peu plus longtemps que prévu, les mères se rendaient sur place et apprenaient que leur enfant était mort.

C'est sans doute le crime le plus parfait de son âme de vautour. Le bébé vient de naître, son premier cri est pour elle.

Tann déteste ces femmes célibataires qui ont l'indécence de mettre au monde. Elle les appelle ses « vaches » et va les trouver jusque dans les hôpitaux psychiatriques, où les enfants nés sur place sont tout simplement confisqués par injonction du juge Kelley.

Du reste, si la marchandise est moins présentable, ou tout simplement rendue par des parents déçus de leur produit, qu'importe ! Elle cède la chose à moindre prix comme « chevaux de trait » ou jouet sexuel à des pervers qu'elle déniche dans les sphères les plus hautes, insoupçonnables et intouchables.

Mortalité infantile

Les salauds ont le génie du recrutement. Pour s'occuper de son cheptel, Georgia engage un personnel entièrement féminin, fausses infirmières et vraies toxicomanes, qui sont chargées de surveiller les enfants en attendant qu'ils trouvent preneurs. Pour avoir la paix, ces nurses tarées mettent tous les nourrissons sous sédatifs et délaissent totalement ceux qui ont du mal à se faire aimer au premier regard. Sans soin ni nourriture, la plupart meurent. Parmi ces suppliciés, quelques rares se font enterrer et reposent aujourd'hui au cimetière d'Elmwood sous un nom qui n'était pas le leur : « Baby Joseph », « Baby Estelle »…

C'est ce qui explique que, pendant de nombreuses années, Memphis ait enregistré le taux de mortalité infantile le plus élevé des États-Unis. Car si le nombre exact ne peut être comptabilisé, on suppose qu'environ cinq cents enfants sont morts pendant le règne de Tann à la *Tennessee Children's Home Society*.

Mais ces détails n'empêchent pas les affaires de marcher et de se déployer à coups de campagne publicitaire larmoyante. Dans les pages de nombreux journaux à travers le pays, elle fait publier ces deux mots, « RECHERCHE MAISON », qui couronnent la photo d'une petite fille, sous-titrée : « Marge a 5 ans et se sent très seule. » Les enfants se vendent maintenant par correspondance, au Canada, au Mexique, à Panamá, et même outre-Atlantique, jusqu'en Angleterre.

Le nom de Georgia Tann effleure alors l'attention de la *First Lady*, Eleanor Roosevelt, qui la reçoit et lui demande conseil sur les grandes questions de l'enfance, le bien-être des enfants pauvres et les moyens de remédier à leur misère.

En réponse, Georgia s'exprime sur le sort bouleversant des gosses vendus au marché noir et la Maison-Blanche pleure, et sa Première dame aussi, au tremolo de cette femme inspirée.

Enfin, Hollywood craque pour ses malheureux bambins. Certaines stars passent par elle en privé, notamment Joan Crawford, en 1947, qui adopte des jumelles, Cindy et Cathy, tout droit sorties de l'ignoble élevage. C'est l'apothéose.

Ouverture d'une enquête

Malgré tout, des parents adoptifs de bonne foi, découvrant que les informations sur l'origine de leur enfant sont fausses, finissent par subodorer qu'il y a quelque chose de pourri au royaume de la *Tennessee Children's Home Society*. Mais quand elle est démasquée, Tann les piège alors dans un chantage émotionnel : s'ils parlaient, on leur retirerait leur enfant par ordre du juge Kelley, ce qui les rendrait instantanément et pour toujours « inaptes à l'adoption »… Il ne leur reste plus qu'à se taire. Et quand bien même une lettre de plainte arriverait à la mairie de Memphis pour dénoncer ses pratiques, elle peut compter sur le soutien de Crump pour la faire classer sans suites.

Courageuses, quelques rares mères célibataires et miséreuses ont eu la force de remonter le cours du mensonge, désignant les médecins qui les avaient séparées de leur nouveau-né. Mais ces pauvres « vaches » ne pouvaient prétendre à rien tant leur pauvreté les disqualifiait à la seconde même où elles avaient l'outrecuidance de prétendre qu'on leur rendît justice.

Ce système a tenu bon jusqu'en 1949, quand le gouverneur Gordon Browning, fraîchement élu, ordonne l'ouverture d'une enquête. Crump est vieux maintenant, son pouvoir dans l'État commence à piquer du nez. Il ne peut protéger Georgia plus longtemps.

En première ligne, la juge Kelley qui avait publié un livre plein de compassion, *Delinquent Angels*, n'a plus qu'à démissionner. Elle ne sera pas inquiétée par la suite. Il ne faut rien exagérer, les juges ne poursuivent pas les juges tout de même. Elle meurt le 28 janvier 1955, trois mois après Crump, dont l'idiote statue trône toujours à Overtone Park.

C'est fini. Le 15 septembre 1950, trois mois après l'ouverture de l'enquête, trois jours avant que ses premières révélations soient rendues publiques, Georgia Tann s'éteint, allongée sur un confortable million de dollars. Outre la honte, lui survivent les destins piétinés de cinq mille enfants passés entre ses mains.

Si la justice contraint la *Tennessee Children's Home Society* à fermer ses portes en décembre 1950, elle se trouve confrontée au labyrinthe d'une affaire qui concerne des milliers de familles parmi les plus respectables des États-Unis.

À moitié victimes mais à moitié coupables : impensable de poursuivre les investigations sans les éclabousser. Une fois encore, la justice doit démissionner devant la justice : le gouverneur ordonne la légalisation de toutes les adoptions.

Georgia Tann est morte d'un cancer de l'utérus. Pour ça, les enfants ont une expression qui marche à tous les coups : « C'est celui qui dit qui est ! »

LA MANIPULATRICE DES BEAUX-ARTS

Par Philippe Di Folco

Tableau, tableau, dis-moi qui est la plus riche...

Domenica Walter
(1898-1977)

En 2019, les amateurs de belles expositions découvrent le troublant visage de Domenica Walter. En sortant des salles rénovées du musée de l'Orangerie, à Paris, consacrées à la « collection Walter-Guillaume », les curieux pouvaient admirer dans une belle monographie les traits d'une étrange épouse, surnommée Domenica : joli minois, longues jambes, un indéniable style, ayant visiblement fait tourner la tête d'un homme à la santé fragile, pâlichon, presque maigre, mais gros travailleur et fumeur invétéré, le marchand d'art et collectionneur Paul Guillaume (1891-1934). C'est par lui que tout commence.

Une fille de vestiaire

C'est d'ailleurs dans une boîte de nuit des années folles appelée Le Viking que Paul, ami des plus grands peintres de l'avant-garde dont il est le « nouveau pilote », croise régulièrement le regard mutin de cette jolie poupée, préposée à y vendre, entre autres friandises, des paquets de cigarettes ; il lui demande son prénom : Juliette, mais elle veut qu'on l'appelle Domenica. Le milieu de l'art tombe des nues :

« Quoi ? Mais Paul, tu es fou, tu ne vas tout de même pas épouser une fille de vestiaire ? », assène Henri Matisse. On sortait de 1914-1918, les filles n'étaient pas si rares dans Paris, les candidates à marier se disputaient les garçons ; on s'amusait la nuit à qui mieux mieux pour oublier la grande boucherie et la grippe espagnole. De Chirico, Soutine, Picasso et même Derain ne donnent pas tort à Paul : « Les conventions ? On s'en fiche ! Aujourd'hui, plus rien n'est comme hier. Si tu l'aimes, épouse-la. »

C'est chose faite le 8 octobre 1920, en la mairie du XVIIe arrondissement : Paul-Bernard Guillaume, 29 ans, enfant du VIe et fils de rentier, épouse Juliette Marie Léonie Lacaze, 22 ans, originaire de Millau. Le couple s'en va fêter la noce au Wepler, place Clichy, avec une pensée pour l'ami Modigliani, qui s'est suicidé neuf mois plus tôt. Puis les jeunes mariés regagnent le domicile de Paul, à l'époque encore avenue de Villiers, après avoir écumé les boîtes du bas Montmartre.

Le marchand de tableaux a tout de même pris ses précautions. Un contrat de mariage rédigé devant notaire, et s'appuyant sur les comptes établis par le banquier François de Chevilly, le prémunit contre toute tentative d'abus de confiance. De son côté, la belle Aveyronnaise ne sort pas du ruisseau : sa mère, veuve de notaire, est rentière et a pour amant un petit industriel parisien, imprimeur d'images pieuses... Et l'idylle des jeunes gens va durer une dizaine d'années, apparemment sans l'ombre d'un nuage.

Paul fait un premier gros coup en fournissant en peintures françaises modernes l'Américain Albert Barnes, qui cherche à bâtir une fondation à Philadelphie. Avec les bénéfices, le couple déménage avenue du Bois – future avenue Foch –, dans le XVIe arrondissement, en un six cent cinquante mètres carrés où se donnent de mémorables fêtes. Domenica y tient parfaitement son rôle, à la fois hôtesse, directrice du personnel de maison, séductrice de marchands étrangers récalcitrants ou envieux, sous le regard des Modigliani, Derain, Cézanne, Picasso, Renoir et autres Douanier Rousseau suspendus aux murs... Elle est belle, elle le sait, et elle s'entretient à grand renfort de cures thermales, tandis que la santé de Paul vacille : l'inquiétude le gagne, la crise d'octobre 1929 assèche le marché.

Relation à trois

En villégiature, la belle croise le regard d'un architecte installé, Jean Walter, portant beau sa cinquantaine de veuf. Nous sommes en 1932. Ils deviennent amants. Le type est riche à millions, ne connaît pas la crise, il conçoit et supervise la construction des hôpitaux dans les colonies et de quelques beaux ensembles d'habitations dans la capitale.

Paul ferme les yeux. Et voici qu'une singulière relation à trois s'installe en quelques mois. L'architecte loge le couple dans un très bel appartement d'un des immeubles qu'il a conçus, avenue du Maréchal-Maunoury. L'amant y rejoint sa conquête quand il peut, éclipsant le mari qui se fait de plus en plus discret et conciliant.

Naïf ? Pas si sûr. Paul Guillaume, même s'il n'en mène pas large avec ses revenus écornés, rédige son testament, dans l'intention de léguer après sa mort toute sa collection de tableaux et d'objets d'art au musée du Luxembourg à travers une fondation, n'en réservant que l'usufruit à sa veuve, l'insouciante Domenica.

Fin septembre 1934, Paul se plaint de puissantes douleurs au ventre. Domenica n'est pas là. Plié en deux, il appelle les domestiques qui cherchent partout après madame. Surgissant comme par magie, pleine de sang-froid, habituée aux jérémiades de son mari, elle l'exhorte à se ressaisir, fait même appel à un pendule et aux cartes de tarot. Las, Paul agonise, son teint ressemble à un portrait de Matisse période nabi. Les secours n'arrivent que le 1er octobre, le médecin-chef des urgences diagnostique une péritonite aiguë, il faut opérer. Le cœur de Paul Guillaume finit par lâcher dans la soirée.

Quelques semaines après l'enterrement, le notaire et le chargé d'affaires sont réunis en présence de Domenica qui leur annonce, après lecture des dispositions testamentaires, qu'elle est mère d'un enfant, d'un fils, le fils de Paul… Le petit milieu de l'art s'en étonne. Ah bon ? Un enfant ? De Paul, ou de l'architecte ? Mais Domenica l'affirme, elle brandit le certificat de naissance : « Regardez, dit-elle, notre fils, Jean-Pierre, est né le 30 novembre 1934. » Bien entendu, il n'est plus question de donation-fondation, tant que le petit « Polo » vivra. Et Domenica, usufruitière de droit, en veuve éplorée, s'installe, officiellement cette fois, chez Jean Walter qui se prend d'affection pour « bébé Polo », et imagine, bien entendu, que cet enfant est de lui.

Cependant, l'architecte a d'autres enfants à langer, car il prépare du côté du Maroc un coup de génie. En 1925, l'administration coloniale l'avait autorisé à exploiter une concession minière à Sidi Boubker ; rien n'était très sûr, les analyses traînaient. Et puis, bingo ! Cet endroit devient en 1935 le deuxième plus gros site d'extraction de plomb et de zinc au monde. Toute la presse en parle. Baptisé « Mines de Zellidja », il a pour directeur Jean Walter qui voit tomber dans ses poches de nouveaux millions, après y avoir fait bâtir un complexe architectural autonome, un village minier modèle que même les Américains visitent. La production augmente à partir de 1936 et Walter en confie la gestion à son fils aîné, Jacques, né de son premier mariage.

Coup d'arrêt en mai 1940 : Paris, occupé par les Allemands, n'est vraiment plus une fête pour Domenica et l'Algérie, par laquelle transitent les minerais, ne sait toujours pas qui rallier, Pétain ou de Gaulle. La famille Walter, elle, préfère mettre la mine en repos et se réfugie en zone libre, du côté de Cannes. C'est là que Domenica épouse son architecte, en 1941, devenant pour les habitués de Monte-Carlo Mme Walter-Guillaume.

Et Polo dans tout ça ? Âgé de 6 ans, il est officiellement adopté par Jean Walter, quelques semaines avant le mariage. Jacques Walter n'a rien à craindre de son avorton de demi-frère, il a d'ailleurs d'autres chats à fouetter, faire redémarrer la mine. En attendant, il s'engage dans la Résistance et finit par y rallier son père, lequel est arrêté par la Gestapo. Heureusement, le débarquement en Provence, le 15 août 1944, et l'avancée des Alliés, permettent à Domenica et aux Walter de revenir aux affaires sans dommages.

Collection d'amants

Dès la fin des années 1940, Domenica souhaite changer de décor. Sur tous les plans. Elle commence par collectionner les amants, frasques sur lesquelles Jean ferme complaisamment les yeux, un peu comme Paul Guillaume, à une différence près : l'architecte approche des 65 ans. Il ne se sent plus trop vaillant, les visites chez les spécialistes se multiplient. Domenica, elle, poursuit sa quête de *new look*, veut un appartement à la pointe du style contemporain, commence à décrocher à tour de bras les collections africaines de son premier époux pour les remplacer par des valeurs qu'elle juge plus sûres. Un exemple ? Le 14 mai 1952, à Paris, alors capitale du marché de l'art, lors de la vente Cognacq à la galerie Charpentier, la toile *Pommes et Biscuits* de Paul Cézanne part sous la dernière enchère de Domenica pour 33 millions de francs de l'époque contre l'armateur grec Stávros Niárchos qui en reste stupéfait. Toute la presse en parle. Et Domenica redevient du jour au lendemain la fameuse héritière de Paul Guillaume. Et elle constitue une invraisemblable collection de toiles modernes avec l'argent de son mari architecte, lequel n'a, depuis la Libération, pas chômé. Les mines de Zellidja sont devenues une véritable ville ouvrière de dix mille âmes. Jean en détient, avec son fils Jacques, 51% des parts, contre 49 % à un consortium américain : un deal datant de 1944, quand Washington s'est vu offrir plomb et zinc en échange d'un prêt avantageux qui a permis le redémarrage de l'extraction. Dix ans plus tard, la Nord-Africaine de Plomb est une entreprise florissante qui dynamise l'économie marocaine et remplit les poches des Walter. Une fondation est créée, les Bourses Zellidja, gérées par Jacques Walter qui, par ailleurs, s'implique dans la presse locale en rachetant un quotidien.

Cependant, les nuages s'accumulent. Pressions anticoloniales, climat de guerre froide : Jean Walter, en patriarche, passe désormais plus de temps dans la banlieue verte parisienne qu'au Maroc. Il y retrouve ses médecins. L'un d'eux, spécialisé dans l'homéopathie, un certain Maurice Lacour, petit homme joufflu sans charisme aucun, finit par séduire la toujours sémillante Domenica. Le 10 juin 1957, à Souppes-sur-Loing, comme chaque dimanche, Jean Walter, 74 ans, vient de se régaler d'un magnifique brochet, servi au bord de l'eau dans un de ces restaurants qu'il affectionne. Il sort prendre l'air et se fait renverser par une voiture. Les deux autres convives, Domenica et Lacour, décident alors de lui porter secours. Le restaurateur veut appeler une ambulance. « Ce n'est pas la peine, hurle Domenica, nous allons le conduire à l'hôpital de Montargis, mon ami est médecin… » Jean Walter décédera en chemin.

Fin 1957, Domenica Walter-Guillaume hérite la moitié des biens de son défunt mari. Autrement dit, et avant tout, des tableaux, encore des tableaux, qui s'ajoutent à ceux de feu Paul Guillaume. Nul ne sait ce qui se trama durant ce déjeuner au bord du Loing. Toujours est-il que Jacques Walter, par ailleurs fort occupé à gérer ses journaux marocains, découvre, éberlué, que sa belle-mère a placé le docteur Lacour à la tête des bourses Zellidja et son frère, Jean Lacaze, à la direction des Mines. Ainsi commence « l'affaire Lacaze-Lacour » qui va occuper deux ans durant les prétoires. Deux ans pendant lesquels Domenica finance la procédure, les avocats, des contre-enquêtes, pour démontrer que son cher frère et son cher amant sont victimes d'un véritable complot : on veut leur retirer leurs avantages miniers ! Jacques en effet ne s'est pas laissé faire : à peine son père enterré, il réunit le conseil de direction et les actionnaires, et parvient à rendre minoritaires les parts des deux individus susnommés, par le biais du gouvernement marocain. Domenica semble avoir perdu cette manche.

Mais, coup de théâtre ! Polo surgit, comme revenu du néant. Il avait disparu de la circulation, s'était fait discret et c'est par les journaux qu'il apprend la mort de son père adoptif. Un solide, qui faisait ses classes en tant que militaire parachutiste en Algérie… Lorsqu'il apprend la nouvelle, il éprouve un immense chagrin. Devenu stagiaire-stewart à Orly, il cherche à reprendre contact avec sa mère, laquelle s'était bien gardée depuis deux ans de rompre un silence devenu assourdissant… voire suspect. Place d'Italie, Polo est abordé par un certain « commandant Rayon ». Ancien légionnaire, beau parleur, propriétaire d'une gargote, Camille Rayon ne tarde pas à sympathiser autour d'une anisette avec ce gars qui lui rappelle sa jeunesse. Or, consternation, Rayon révèle à Polo que Jean Lacaze, son oncle, l'a chargé d'une délicate mission : le supprimer ! Le but de cette épouvantable entreprise ? L'écarter de la succession de son père Jean Walter.

Les deux anciens paras organisent une contre-attaque : faire croire à Jean Lacaze que le coup a été fait, puis encaisser l'argent et porter plainte. Ainsi opère Rayon qui se rend auprès du juge Batigne, lequel décide d'ouvrir une enquête pour tentative de meurtre et complot, mais ne retient finalement pas la plainte de Polo, faute de preuves.

Alors, le trio Domenica-Lacour-Lacaze imagine un nouveau plan pour détruire Polo. Il faut dire qu'entre-temps celui-ci était allé retrouver sa mère. Elle lui explique qu'il n'est qu'un enfant adopté, ce que le jeune homme savait depuis ses 12 ans, et la diabolique ajoute qu'il n'est en réalité qu'un enfant trouvé, « vendu par une femme contre de l'argent ». Un cauchemar. Polo ne sait pas si sa mère dit la vérité ou ment à cause de l'argent ; ce qu'il sait, en revanche, c'est qu'il craint pour sa propre vie.

En 1959, Polo devient pigiste photographe pour des journaux. Un soir, il croise une très belle fille, Maïté, qui se dit coiffeuse. Ils sortent ensemble. Un matin, Paulo est convoqué au commissariat et accusé de proxénétisme ! Maïté est bel et bien une « professionnelle », et Paulo découvre qu'elle est à la solde de Lacaze et Lacour, missionnée pour le faire tomber. Une condamnation pour proxénétisme peut en effet entraîner la récusation d'un héritage. Tout s'éclaire dans la tête du juge Batigne, qui ordonne cette fois l'arrestation des deux hommes.

Affaire d'État

La presse se déchaîne. Lacaze et Lacour se retrouvent à la Santé, tandis que, mitraillée de flashs, Domenica, face à la presse, tient tête et ne souffle mot. Accusée de complicité et tentative de meurtre en bande organisée, elle est défendue par Mes Floriot, Garçon et Izard, autant dire par les plus grands ténors du barreau. Relaxée, elle prépare en secret son coup de maître, sa dernière carte.

Alors que le pays s'enfonce dans le conflit algérien, une entente, restée longtemps secrète, va être négociée entre Domenica et le ministre chargé des Affaires culturelles, André Malraux, afin de « sauver les apparences ». Comment ? Il faut savoir que ce dernier était tombé en pâmoison devant l'Aveyronnaise, ou plutôt, manqua de s'étouffer entre deux cigarettes en découvrant l'étendue de la collection Walter-Guillaume, qu'on était à l'époque bien loin d'imaginer riche de plusieurs centaines de tableaux ! Domenica déjeunait régulièrement avec Malraux depuis 1957. Fine guêpe, elle anticipait, à peine son mari décédé, la question des droits – faramineux – à payer sur une telle succession. Avec d'un côté des enjeux miniers sur fond de décolonisation, de l'autre des intérêts artistiques et patrimoniaux de premier plan, et au milieu une sordide histoire de tueurs à la petite semaine, nous voici en pleine affaire d'État.

Malraux arrive au pouvoir fin 1958. Un an plus tard, la question des droits est réglée. Jacques Walter, qui n'a pas digéré la tentative de spoliation de ses mines par le gang des Lacaze, sait bien qu'il ne peut plus rien faire contre sa belle-mère. Il est pris à la gorge, ayant vendu ses parts minières, il choisit de passer un compromis avec Domenica-Malraux, « pour le bien du pays et la grandeur de la France ». Il arrête les poursuites.

Mais quel est donc le contenu de cet accord entre la veuve et le ministre ? Soixante ans plus tard, de nombreux spécialistes ont tenté de donner la clef de cette énigme – pourtant sous les yeux des visiteurs de l'Orangerie depuis 1984 ! Depuis cette date en effet est exposé, tout simplement, le fruit de la cession d'une partie de la collection, sur laquelle lorgnait l'État, et dont Domenica restait l'usufruitière jusqu'à sa mort. Reprenons. Deux contrats sont signés, l'un en 1959, l'autre en 1963, portant sur un total de 143 tableaux, dont 24 Renoir, 15 Cézanne, 12 Picasso, 10 Matisse, 29 Derain, des Soutine, des Modigliani, des Utrillo. « On parla d'un total de 300 millions de francs (un peu moins de 6 millions d'euros) à l'époque », rappelait le journal *Libération* en 2010, une somme suffisante pour effacer l'ardoise fiscale de Domenica. La collection Walter-Guillaume est aujourd'hui le joyau du musée de l'Orangerie : elle semble bien être le résultat d'une véritable tractation qui, plus d'un demi-siècle plus tard et tout compte fait, sent le soufre.

Une fois les contrats scellés, le juge Batigne va en effet, comme par enchantement, faire en sorte que Lacaze et Lacour soient libérés de préventive, avec un non-lieu. Ils quittent la Santé en catimini. On n'entendra plus jamais parler d'eux.

De son côté Domenica, éclaboussée par cette affaire, déménage rue du Cirque, dans le VIIIe arrondissement, en un discret et bel appartement où brillent par leur absence toute la collection africaine de Paul Guillaume, malheureusement dispersée en salles des ventes, mais aussi un certain nombre de toiles qui alimenteront le marché de gré à gré durant quinze ans, comme en témoignent les catalogues de nombreux marchands, désormais obligés de donner le pedigree de chaque lot. On a vu ainsi défiler des tableautins de Jean Fautrier libellés « ancienne collection Walter-Guillaume » : la belle avait bon goût, on ne peut pas lui enlever ça. Telle une hétaïre, altière, recevant à dîner qui

Malraux qui des avocats, toujours vigilante à ne point se faire calomnier, c'est dans cet appartement aux murs couverts de tableaux fantômes qu'elle meurt le 1er juillet 1977.

Son fils Polo, redevenu à l'état civil « Jean-Pierre Guillaume », l'avait revue au tout début des années 1970. Il parle d'elle comme d'une femme à l'époque obsédée par l'argent : tout le contraire de lui en somme, qui n'aurait, selon ses dires, jamais perçu aucun droit. Tout comme Jean-Jacques Walter, petit-fils de l'architecte, actuellement président des Bourses Zellidja, devenu l'un des meilleurs spécialistes de l'islam, qui préfère oublier cette « ténébreuse et sordide affaire »…

L'ANDROPHOBE

Par Bruno Léandri

Valerie Solanas
(1936-1988)

Si on devait représenter la ferveur du militantisme féministe sur un graphique linéaire, Valerie Solanas occuperait la position terminale, la balise de fin, le maximum concevable dans le radicalisme, le point extrême, celui au-delà duquel on ne peut pas aller. Son projet était en effet l'avènement d'une société où les hommes seraient éliminés, une sorte de parthénogenèse à base de génie génétique permettant la reproduction d'individus exclusivement féminins. Un pas de plus dans la radicalité – réclamant par exemple l'effacement du chromosome Y dans la cellule –, et c'est la fin du genre humain lui-même, et par là du féminisme. On est loin des gentilles discussions sur la parité ou l'écriture inclusive !

D'aucuns, et ils furent nombreux, prirent l'ouvrage dans lequel la rédactrice développait cet objectif, *Scum Manifesto*, comme une plaisanterie, une provocation goguenarde, un deuxième degré théorique, voire une performance artistique. Ils se trompaient. Valerie Solanas était tout ce qu'il y a de plus sérieux en prêchant l'éradication du sexe masculin, au point de commencer le travail elle-même.

Monstre social

Mais, direz-vous, pour prôner froidement l'extermination de la moitié de l'humanité, il faut être, soit un monstre, soit un fou. Valerie Solanas était un peu des deux, toutefois pas seulement.

Pour fabriquer un monstre social, la recette est simple. Prenez une petite fille vive, intelligente et drôle, heureuse de vivre, et qui aime sa sœur et ses parents, sa mère, brouillonne et excentrique, et surtout son père, un boute-en-train fêtard et expansif. Lorsqu'elle a 7 ans, faites-la violer par son père bien-aimé et rejeter par sa mère adorable. Vous obtenez une créature dont la vie sentimentale, intellectuelle et sociale est détruite. Pourtant, si l'histoire de Valerie Solanas a bien commencé ainsi, une qualité innée a dévié un tant soit peu la malédiction programmée, même si elle n'a atténué en rien son mal de vivre : une intelligence supérieure à la moyenne, doublée d'une énergie exceptionnelle.

Pour décrire son itinéraire, l'adjectif « atypique » est un faible qualificatif. Il faudrait ajouter « morbide », « pathogène », « mortifère » pour chaque épisode de sa vie malmenée.

Venue au monde dans une petite ville du New Jersey, elle voit ses parents se séparer quand elle a 4 ans. Elle grandit avec sa mère et rend visite régulièrement à son père. C'est lors de ces visites que trois années plus tard, elle sera sexuellement agressée par son géniteur. Sa mère qui, entre deux amants, s'occupe épisodiquement d'elle, se retrouve un compagnon régulier, qu'elle épouse alors que Valerie atteint ses 13 ans. Jusqu'alors élève exemplaire à l'école, toujours première de la classe – tout juste peut-on la trouver renfermée et solitaire –, elle part en miettes à la puberté. Sur ce nouveau beau-père accordeur de pianos, la fillette concentre toute la haine qu'elle commence à accumuler contre le genre masculin, transférant peut-être sur lui ce mélange de dégoût et d'aversion qu'elle nourrit contre son père. Car avec ce dernier, elle continuera à entretenir curieusement des relations épistolaires, lui donnant régulièrement de ses nouvelles. En quelques mois, elle transforme le foyer maternel en enfer. Elle se rebelle constamment, son travail à l'école devient chaotique, elle hurle à la moindre contrariété, vandalise l'appartement, agresse ses voisins, et fugue de plus en plus souvent.

Dès l'apparition de ses premières règles, elle inaugure une sexualité aussi dévorante que précoce. Premier des paradoxes dont sera remplie son existence, à 14 ans, elle se découvre et s'affirme lesbienne, pour tomber simultanément enceinte d'un père inconnu. À en croire son unique biographie[1], dont le sérieux et les recoupements nombreux ne semblent pas sujets à critique, c'est sa mère qui, avec

1. Breanne Fahs, *Valerie Solanas: The Defiant Life of the Woman Who Wrote Scum (and Shot Andy Wharol),* The Feminist Press, 2014. Non traduit en français.

son consentement, prendra en charge la fille dont Valerie accouche, matériellement et filialement : pour l'entourage et la famille, la nouveau-née, Linda, restera une sœur cadette tardivement conçue. Ce n'est que bien plus tard que cette dernière apprendra que sa grande sœur est en fait sa mère. De cette fille camouflée, Valerie ne parlera jamais, pas plus qu'elle n'en désignera le père.

Lesbianisme non exclusif ou débordement sexuel incontrôlé ? À peine de retour à l'école, elle tombe une seconde fois enceinte, à 15 ans. Dispositif à peine croyable, la naissance de ce deuxième bébé, que la grand-mère refuse d'assumer, donne lieu à un marché négocié, véritable *gentlewoman's agreement* gagnant-gagnant : le bébé sera donné à une famille en mal d'enfant, en échange de quoi celle-ci fournira à la mère de quoi poursuivre ses études. Le petit David restera donc dans sa famille d'accueil, où Valerie viendra le voir de loin en loin, avant de cesser toute visite. Il n'apprendra qui était sa mère que cinq ans après la mort de celle-ci. De ce fils-là non plus, la future activiste n'a jamais parlé.

De fait, Valerie s'est de nouveau lancée tête baissée dans les études, après avoir définitivement quitté le foyer familial, et passe avec brio ses examens d'entrée en fac. Elle rejoint l'université du Maryland. Parallèlement à ses études de psychologie, elle devient l'assistante d'un professeur de biologie au laboratoire d'expérimentation animale, d'où elle tirera ses notions de génétique. Son ascension dans la vie normative s'arrête là. Dès 1960, elle abandonne ses études et, après un détour par Berkeley, plonge dans la faune marginale de New York.

Il n'y a pas meilleure locution que « bouillon de culture » pour décrire le chaudron éruptif qu'est le milieu artistique à New York dans cette décennie 1960. Théâtre, cinéma, musique, arts plastiques, littérature, la création explose ses cadres classiques et lance des fusées multicolores dans toutes les directions, en même temps que la lutte contre la guerre du Vietnam radicalise la jeunesse contre la société établie. Valerie Solanas est décidée : elle quitte les sciences pour l'écriture. Problème, elle est fauchée. L'abandon de ses études a tari ses sources de revenus. Après avoir vécu quelque temps dans une résidence pour femmes, elle prend une chambre au légendaire Chelsea Hotel, alors rendez-vous miteux de tous les marginaux, crève-la-faim et autres « clochards célestes » de la scène artistique new-yorkaise. Dans ses chambres minables – drogue et alcool à tous les étages – transiteront bien des futures idoles des années 1970 et 1980. Là, passant d'un amour féminin à l'autre, elle rencontre des militantes et s'attelle à sa première pièce, dont le titre est à lui seul tout un programme : *Dans ton cul*[2]. Elle écrit quelques articles, refusés pour la plupart, sauf par des fanzines confidentiels.

2. *Up Your Ass.*

Découper les hommes

Elle vit alors d'expédients, d'abord en faisant la manche, puis, traduisant en actes son mépris du sexe masculin, de prostitution, activité qu'elle revendiquera haut et fort : « Dix dollars la baise, cinq la pipe, deux la branle[3] ! » C'est dans ce contexte qu'elle rejoint, dépasse et ridiculise les militantes féministes les plus chevronnées, quand, en 1967, elle rédige son grand œuvre : *Scum Manifesto*. C'est un petit livre de soixante pages, qui, tel le *Manifeste du parti communiste* pour les marxistes, est censé établir les bases du féminisme ultra-radical, décrivant une société dont les hommes auront été éradiqués. *Scum*, qui signifie « écume, ordure » en anglais, est aussi l'acronyme de *Society for Cutting Up Men*, « Société pour découper les hommes ». Michel Houellebecq, dans une postface de 1998, relève avec justesse que *cutting up men* fut compris par certains comme « châtrer les hommes », ce qui était une erreur : la théoricienne n'en voulait pas qu'à l'appareil génital masculin, elle visait l'organisme tout entier.

Valerie Solanas fabrique de son texte des exemplaires ronéotés qu'elle relie et vend elle-même sur le trottoir, au prix d'un dollar. Elle y explique que l'homme est une version génétiquement incomplète, imparfaite et malfaisante de la femme. Et qu'avec l'aide de la science, l'humanité pourrait

3. Rapporté par Sara Stridsberg, *La Faculté des rêves*, Stock, 2009.

vivre et se reproduire sans son avatar masculin. Elle part du constat alors incontestable que la société américaine est entièrement dominée par le sexe masculin, pour construire un réquisitoire sans appel contre le mâle dominateur, « tas de merde sans intérêt », au « système nerveux grossièrement constitué », « chimpanzé en habit à queue », « débile affectif », « gangrène de l'esprit », « godemiché ambulant », « complètement égocentrique », « n'existant que par une sexualité endémique et diffuse », « créature sinistre et constipée », « indigent mental et esthétique »[4].

Le drame de l'homme, c'est qu'au fond il est conscient de son incomplétude, de son imperfection, « rongé sans relâche par l'amertume de n'être pas femme », qu'il envie et jalouse la supériorité intrinsèque des femmes et qu'il est prêt à toutes les manipulations et à toutes les violences pour maintenir sa domination illégitime, avec en tête, bien sûr, le viol des filles par leur papa. Il faut donc engager contre lui la lutte à mort.

D'abord en dénonçant ses complices : les femmes soumises, les féministes tièdes et les prétendus soutiens des revendications féministes, gauchistes, syndicalistes, communistes, artistes contemporains, hippies, qui à l'époque

4. Valerie Solanas, *Scum Manifesto*, traduction française réalisée par Emmanuelle de Lesseps, © Mille et Une Nuits, département de la Librairie Arthème Fayard, 1998, 2021 (1968 pour l'édition originale aux États-Unis ainsi que pour la première traduction française). Tous les extraits suivants, reproduits avec l'aimable autorisation de Fayard, sont issus de cette traduction.

avaient les faveurs de la jeunesse. Une fois balayées ces « filles à papa, passives et abruties, réduites à l'état de bêtes, malléables, lèche-culs, bouillottes avec des nichons », qui se « ventrouillent avec leurs enfants pendus à leurs seins », une fois écartés ces « tenants de l'art dégénéré », « admirateurs de chiures », ces hippies dont le but est « le baisage à la chaîne au milieu des vaches », alors viendra le règne des Scum : « Plutôt cérébrales, tout près d'être asexuées. Débarrassées des convenances, de la gentillesse, de la discrétion [...], du respect des trous du cul, toujours surchauffées, pétant le feu, sales et abjectes, les Scum déferlent. Elles ont tout vu, tout le machin, baise et compagnie, suce-bite et suce-con, elles ont été à voile et à vapeur, elles ont fait tous les ports et se sont fait tous les porcs. Il faut avoir pas mal baisé pour devenir antibaise, et les Scum sont passées par tout ça. Maintenant elles veulent du nouveau : elles veulent sortir de la fange, bouger, décoller [...]. »

Alors sonnera l'heure du combat sans pitié contre la société mâle : « Les agissements de Scum seront criminels. Ce que Scum veut, c'est démolir le système, et non obtenir certains droits à l'intérieur du système. [...] Scum n'a rien à faire des banderoles, des défilés ou des grèves [...]. Scum est contre ces soulèvements confus et hystériques. Meurtres et destructions seront réalisés avec discernement, de manière sélective. Scum traquera sa proie froidement, dans l'ombre, et tuera avec le plus grand calme [...]. Scum continuera à détruire, piller, saboter et tuer, jusqu'à ce que le système fondé sur l'argent et le travail se soit effondré. »

Viendra alors un monde conçu et mené par des femmes, sans argent, reposant sur l'automation et où le génie génétique permettra, sans mâles, une reproduction d'individus femelles exclusivement. Et comme elle voit loin, Valerie prévoit logiquement l'avènement d'une société où, la mort et le vieillissement ayant disparu, la reproduction des femmes ne sera même plus nécessaire.

Les seuls hommes qui seront provisoirement épargnés sont désignés « auxiliaires masculins de Scum », ils sont composés des homosexuels, à condition qu'ils soient travestis, « travelos qui par leur exemple magnifique encouragent les hommes à se démasculiniser », les dealers, qui « incitent à la drogue et précipitent la déchéance masculine », « les biologistes qui travaillent à des recherches constructives » (la reproduction entre femelles), et plus généralement ceux qui approuvent sans condition le programme de Scum. Encore ceux-ci doivent-ils, pour survivre, se plier régulièrement à ce qu'elle nomme des « sessions merdiques », réunions publiques au cours desquelles « chaque homme présent fera un discours commençant par "Je suis une merde, une merde minable et abjecte". À la suite de quoi il fera la liste des différents aspects de sa merdicité. » Une fois la victoire acquise, un monde de femmes solidement établi, les derniers hommes survivants « resteront sagement assis, détendus, ils profiteront du spectacle et se laisseront dériver jusqu'à leur destin fatal ».

En 1967, elle trouve un éditeur pour son manifeste. Maurice Girodias, Français en exil, homme de lettres hors normes, patron d'Olympia Press, a jeté un œil intrigué sur le brûlot. Il a apprécié, comme il apprécie toute littérature incandescente, tout objet singulier qui orbite sur des trajectoires instables, hors de la gravitation commune. Il s'engage oralement à publier *Scum* et verse 500 dollars, mais les choses traînent.

La Factory

Valerie, comme nombre d'artistes marginaux de New York, se trouve à la même époque happée par l'attraction irrésistible d'un lieu devenu le point focal de la contre-culture, le phare de la révolution en arts plastiques, cinéma, musique, sexualité : la Factory. Dans ce mortier en constante convulsion, où a fleuri l'adjectif *underground,* le pape Andy Warhol règne sur une cour d'artistes et de factotums qui lui est entièrement dévouée. Valerie décide de faire produire sa pièce *Dans ton cul* par le plasticien touche-à-tout, devenu, sur la lancée du pop art, une star internationale. À force de visites à la Factory, où tout le monde peut entrer, elle parvient à croiser l'idole. Warhol est connu pour ne dire jamais non. Il lui prend le manuscrit et promet de le lire. Et la pièce rejoint les centaines de propositions qui passent entre ses mains et finissent dans des tas informes.

Il se passe un an. Quand Andy Warhol revient du festival de Cannes, Valerie lui saute dessus : où en est sa pièce ? Gêné, comme à chaque fois qu'on lui parle brutalement, le phénix lui avoue qu'il ne l'a pas lue et qu'il a perdu le manuscrit. Comme il craint ses réactions, il lui propose de jouer dans un de ses films contre un pharamineux cachet de 25 dollars. L'activiste accepte et, contrairement à tout pronostic, le tournage de *I, a Man* se passe très bien, la comédienne néophyte exécute avec brio le rôle important qu'on lui a confié, le Maître est content, la cour la félicite. Elle enchaîne une figuration dans un autre film, *Bike Boy*. Va-t-elle intégrer le cénacle ? Rejoindre les actuelles égéries de l'artiste, Viva et Ultra Violet, actrices, mannequins, créatrices et muses, qui la détestent cordialement ? Après tout, le milieu hyper-créatif, hyper-décalé et hyper-sexualisé de la Factory ne lui offre-t-il pas l'espace de rupture du système, de respiration antisociale qu'elle a toujours cherché ?

Mais Valerie est devenue une cocotte-minute dans laquelle la pression monte. Poussé par une existence écorchée vers un état mental déjà borderline, son esprit en constante ébullition et frustration infuse une haine croissante envers les hommes qu'elle côtoie, aussi peu « mâles » soient-ils.

Approcher Andy Warhol en a brûlé plus d'un et plus d'une, son rejet par les pontes de la Factory constitue la déception de trop, pour Valerie.

Nous sommes en 1967. Valerie est virée du Chelsea Hotel pour non-paiement de ses notes. Elle dort dans la rue, les squats, les jardins publics, continue à tapiner de-ci de-là et surtout, harcèle son entourage pour lui arracher quelques dollars, avec l'amabilité qu'on lui devine. Sa réputation de zonarde agressive, de casse-burnes dans tous les sens de la locution, fait le tour de Greenwich Village : si on l'aide une fois, dit-on, elle revient à la charge sans cesse pour exiger encore plus. Même pour ses amantes, c'est une harpie, totalement incontrôlable. Peu à peu, tout le monde la rejette, jusqu'à celles qui secrètement l'admirent.

Le printemps 1968 semble marquer le paroxysme de sa détresse : depuis un an, son éditeur la laisse mariner dans l'incertitude, elle est *persona non grata* à la Factory, dont le souverain l'évite soigneusement. Sa haine, devenue paranoïaque, prend pour cibles obsessionnelles ses deux espoirs déçus, Girodias et Warhol, qu'elle inonde d'insultes et de sarcasmes, en les accusant de la voler et de manipuler sa vie. À bout de misère, de douleur, de colère, elle pète les plombs ; et puisqu'elle est en guerre contre les mâles, elle décide de s'armer. Avec l'argent qu'elle parvient à soutirer à une lointaine relation, elle achète un pistolet automatique et, le 3 juin 1968 au matin, Girodias étant absent, elle se rend à la Factory, l'arme cachée dans un sac en papier. Elle se fait d'abord évincer par Paul Morrissey, l'alter ego du plasticien dans son travail cinématographique : Andy n'est pas là, affirme-t-il, il ne viendra pas de la journée. La visiteuse, qui connaît les usages du temple, attend le gourou sur le trottoir, son sac en papier serré dans ses mains. À 16 h 15, Warhol arrive.

Impénétrable, comme d'habitude, quand Valerie se manifeste, l'artiste prodigue ne montre rien de son accablement agacé. Elle pénètre dans l'immeuble en même temps que lui. Morrissey est pendu au téléphone ; comme la teigne débarque en compagnie du patron, personne ne l'empêche d'entrer.

Mais dans ses velléités terroristes, la guerrière a négligé un tant soit peu la pratique : elle ne sait pas se servir d'une arme. Elle sort brusquement le pistolet du sac en papier et, sans un mot, tire, et rate sa cible, à moins de deux mètres. Après quelques secondes d'incompréhension, quelqu'un crie : « Tous à terre ! » Warhol se redresse, elle tire à nouveau et le rate encore. Il se couche pour échapper à la tueuse, elle se rapproche et tire une troisième fois. Ce coup-ci, la balle atteint son objectif au flanc droit et lui transperce le torse avant de ressortir. Warhol est étalé dans une mare de sang, son compte est bon. La sicaire se tourne alors vers Mario Amaya, critique d'art et compagnon d'Andy. Elle fait feu et rate sa cible une nouvelle fois. En tirant une cinquième balle, elle le touche à la hanche. Puis elle se dirige, l'arme brandie, vers le manager de la Factory, Fred Hughes. L'homme d'affaires cravaté la supplie à genoux, elle lui pose le canon sur le front, appuie sur la détente, l'arme s'enraye. Maudissant sans doute la mauvaise qualité des fabrications masculines, l'assaillante sonne la retraite et disparaît dans l'ascenseur.

Andy n'a été touché que d'un seul et maladroit projectile, mais celui-ci a fait plus de dégâts qu'une rafale : les organes vitaux atteints, dans les premières heures et dans le chaos ambiant, Warhol est d'abord donné pour mort. Les chirurgiens parviendront à le sauver de justesse, tandis que sa meurtrière aborde un jeune policier de 22 ans qui fait la circulation : « Je suis recherchée par la police, je viens de tuer Andy Warhol. »

Si un certain calcul sous-tendait sa folie, comme d'aucuns le prétendront, celui-ci est en tout cas réussi : en ce matin du 3 juin 1968, Valerie Solanas était encore une inconnue, clocharde hystérique et pestiférée ; une semaine plus tard, son nom fait le tour de la planète ; six mois plus tard, son petit livre, qui n'était destiné qu'à finir dans les poubelles des amateurs de curiosités, est un best-seller traduit en six langues. Elle-même devient à la fois icône et porte-drapeau indomptable de l'ultra-féminisme, en même temps que martyre de l'ignominie masculine.

Elle n'est pas la seule bénéficiaire de son geste. Même si Warhol mettra très longtemps à se remettre de ses blessures, même si sa vie et son œuvre en resteront marquées, même si la Factory deviendra un bunker, il n'empêche que fin 1968, la cote de ses œuvres passe de 200 à 15 000 dollars. Et Girodias relève Olympia Press avec les ventes de *Scum*, qui sort en août. Quant à la pétroleuse, considérée comme incapable d'assumer son procès, elle est internée en asile psychiatrique.

Après sa libération en 1971, elle végète en SDF à New York puis en Californie, entre divers internements. Les journalistes, chercheuses ou militantes qui parviennent à localiser l'héroïne du féminisme radical trouvent une petite vieille aigrie et divagante, qui se laisse aborder par très peu de gens. Elle meurt à San Francisco dans l'indigence et l'indifférence, en 1988.

Dans ton cul sera mis en scène et adapté en comédie musicale en 2000. En France, *Scum Manifesto* en est à sa quatrième édition.

LES AUTEURS

Hélios Azoulay est compositeur, clarinettiste et directeur musical de l'Ensemble de musique incidentale. Essayiste, il a publié *Scandales ! Scandales ! Scandales !* (Lattès), *Tout est musique* (Vuibert) et, avec Pierre-Emmanuel Dauzat, *L'enfer aussi a son orchestre* (Vuibert). Son premier roman, *Moi aussi j'ai vécu* (Flammarion), va être adapté à la scène.

Jean-Yves Boriaud, professeur émérite à l'université de Nantes, est un spécialiste de l'Italie de la Renaissance. Il a traduit, pour les Belles Lettres, de nombreux textes latins de cette période (Boccace, Pétrarque, Poggio Bracciolini, Alberti) et publié, aux éditions Perrin, les biographies de Galilée et de Machiavel (prix Provins Moyen Âge) ainsi que *Les Borgia, la pourpre et le sang*. Dernier titre paru : *La Fortune des Médicis, Le siècle d'or de Florence* (Perrin).

Christophe Bourseiller, historien et essayiste, est l'auteur de la série de documentaires et podcasts *C'est un complot*. Spécialiste des courants politiques et religieux minoritaires, il a publié trente-six livres. Dernier ouvrage paru : *En cherchant Parvulesco* (La Table Ronde).

Sophie Brouquet est professeure d'histoire médiévale à l'université Toulouse-Jean-Jaurès. Après une thèse sous la direction de Jacques Le Goff consacrée à la violence des étudiants à Toulouse à la fin du Moyen Âge, ses recherches se portent actuellement sur la violence, la délinquance et la marginalité.

Nicolas Carreau, journaliste à Europe 1 et aux *Inrockuptibles*, est chroniqueur pour *Historiquement show* sur Histoire TV. Adepte de curiosités historiques, il aime chasser le mystère et les affaires non résolues. Il a publié *Les Légendes du Masque de fer* et *La Vraie Vie des héros* (Librairie Vuibert).

Philippe Delorme est historien, spécialiste des têtes couronnées et des grands destins. Il a été pendant plus de vingt ans journaliste au magazine *Point de Vue* et créateur du trimestriel *Point de Vue Histoire*. Il est aujourd'hui chroniqueur à *Valeurs actuelles* et l'auteur d'une quarantaine d'ouvrages. Après *L'Île aux chimères* (Éditions du Trésor), il vient de publier *Les Rois éphémères* (Cerf).

Philippe Di Folco est écrivain, scénariste et enseignant. Il a coécrit le film *Barbara* avec Mathieu Amalric. Ses derniers ouvrages publiés sont le *Dictionnaire des mafias et du crime organisé* (Perrin) ainsi que *Le Vrai Comte de Montecristo* (Éditions du Trésor).

Matthieu Frachon, diplômé en sciences criminelles, est le rédacteur en chef de la *Revue de la Gendarmerie nationale*. Ancien grand reporter à *France Soir*, il a écrit une dizaine d'ouvrages sur le fait policier historique tels que *La Police pour les Nuls* (First) ou *Les Dessous du 36 quai des Orfèvres* (Éditions du Rocher) Il enseigne à L'École supérieure de journalisme de Paris.

Bruno Fuligni, écrivain, historien, maître de conférences à Sciences Po, est l'auteur de trente livres sur l'histoire politique française. Il vient de publier *La Fille de Napoléon* (Les Arènes).

Bruno Léandri, écrivain, chroniqueur et scénariste, longtemps collaborateur du mensuel *Fluide glacial*, est l'auteur de *La Grande Encyclopédie du dérisoire*. Après *L'Île de Marlon Brando* (Éditions du Trésor), il vient de publier *J'aime pas les voyages* chez le même éditeur.

Stéphane Mahieu est l'auteur d'ouvrages traitant des marges du langage, des écrits des spirites à ceux des dictateurs. Bibliographe, il a inventorié dans *La Bibliothèque invisible* les livres imaginaires apparaissant dans les œuvres des écrivains. Son livre *Mettre les voiles* (Éditions Vagnon) recense les expressions maritimes passées dans la langue courante.

Nicolas Mietton, historien, a présenté et annoté différents Mémoires (dont le journal de Maurice Paléologue, *Le Crépuscule des tsars*, Mercure de France). Il est l'auteur de *Destins de diamants* (Pygmalion), d'une *Histoire érotique de la diplomatie française* (Payot) et de *Femmes de pouvoir dans l'Antiquité, de Cléopâtre à Théodora* (Prisma). Il anime l'émission *Dialogue sur l'histoire* sur Fréquence Protestante.

Clémentine Portier-Kaltenbach, journaliste et historienne, chroniqueuse historique sur Europe 1, a publié *Histoires d'os et autres illustres abattis* (Lattès), *Grands Z'héros de l'histoire de France* (Lattès), *Secrets de Paris* (Librairie Vuibert) et *Embrouilles familiales de l'histoire de France* (Lattès). Elle a dirigé *Coups de chœur. Ils racontent leur église préférée* (Tallandier).

Claude Quétel, historien, directeur de recherche honoraire au CNRS, est l'auteur de nombreux ouvrages parmi lesquels *Le Canapé de Beria. Mémoires d'un chasseur d'objets* (Lattès). Il vient de publier *Crois ou meurs ! Histoire incorrecte de la Révolution française* (Tallandier/Perrin).

Pascal Varejka, titulaire d'un DEA d'histoire, a publié plusieurs ouvrages, ainsi que des articles historiques dans divers périodiques (*Paese*, *Notre histoire*, *Muséart*, *Historia*, *Actualité de l'histoire mystérieuse*, *L'Européen*, *Jeune Afrique*, *Folle Histoire*, *Marianne*). Derniers livres parus : *C'est l'histoire du XIX*e *arrondissement* (La Lucarne des Écrivains) et *À la recherche de l'éléphant blanc* (Unicité).

Loïc Sécheresse devient illustrateur après des études aux Beaux-Arts d'Orléans. Travaillant d'abord pour la presse et la publicité, il oriente sa pratique vers la bande dessinée, avec des albums comme *Heavy Metal* chez Gallimard, *Ys* chez Delcourt ou le tout récent *La Guerre* chez le même éditeur, scénarisé par Thomas Cadène. Résidant à Nantes depuis 2015, Loïc Sécheresse est un dessinateur toujours en recherche de justesse dans le geste et de lyrisme dans son trait.

TABLE DES MATIÈRES

Dans la même collection

Dans la même collection

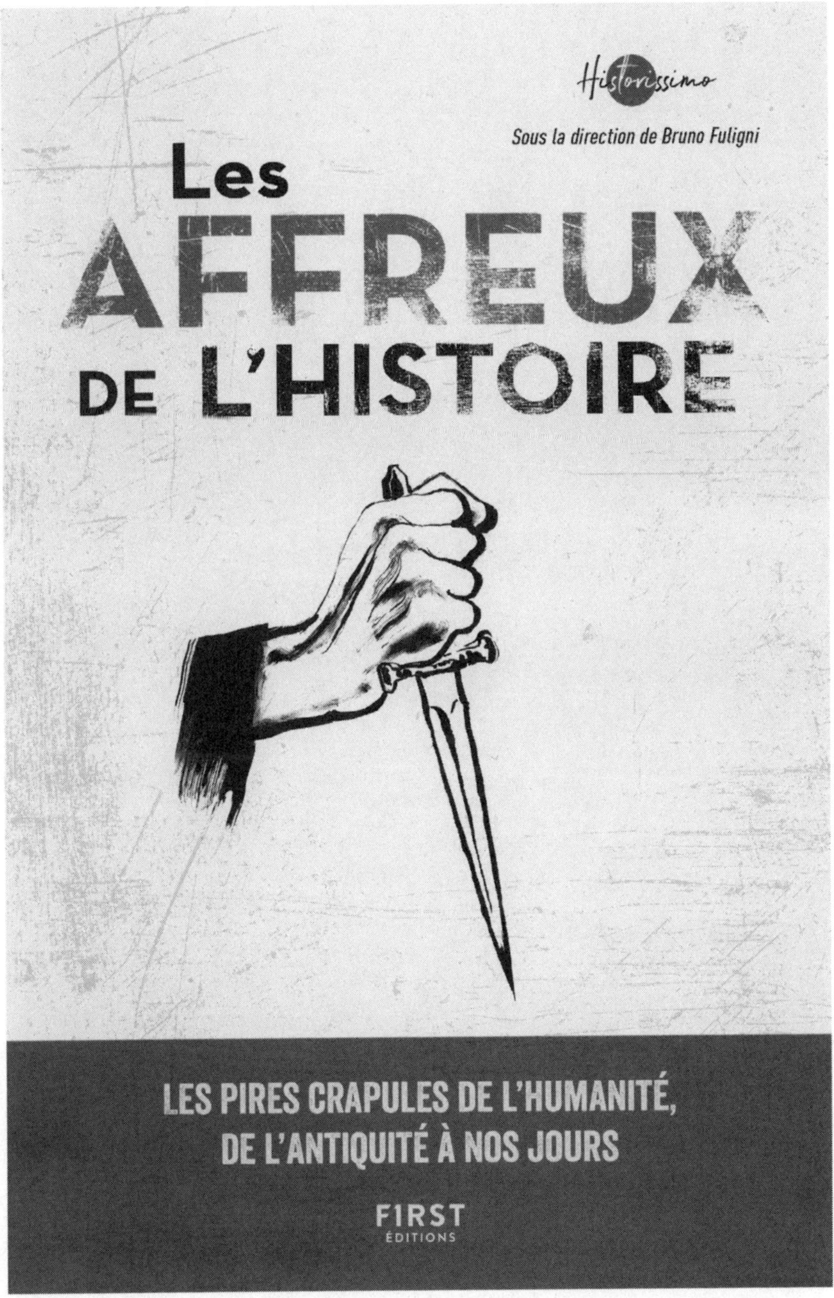